金経民 拜

**부동산 트렌드
2026**

일러두기

1. 이 책에 실린 부동산 거래 현황, 시세 등의 자료는 서울대학교 공유도시랩의 데이터입니다. 출처가 다른 것은 별도로 표기했습니다.
2. 모든 데이터와 결과 값은 집필 시점을 기준으로 했으며, 가능한 한 최신 것을 반영했습니다.

하버드 박사 김경민 교수의 부동산 투자 리포트

부동산 트렌드 2026

서울 집값 상승 도미노 본격화

김경민, 정재훈, 김규석, 이소영, 이영민 지음

와이즈맵

프롤로그

서울 부동산의 미래는
이미 정해져 있다

《부동산 트렌드 2025》의 부제는 '서울 아파트 슈퍼사이클 진입'이었다. 책이 출간된 2024년 9월, 서울 아파트 가격의 향방을 두고 다양한 견해가 충돌했다. 최악의 불경기, 인구 감소와 고령화 등을 근거로 서울 아파트 가격 하락을 주장하는 목소리도 있었다.

그러나 필자의 생각은 달랐다. 이를 뒷받침하는 환경 역시 변하지 않았다. '머지않아 이자율이 하락할 것이며, 높은 토지 가격과 시공비 급등은 공급 부족을 불러올 수밖에 없다. 금융시장과 공간시장의 조건이 동시에 맞물린다면 서울 부동산 가격은 오를 수밖에 없다.'

그 전망은 불과 몇 달 뒤 현실로 나타났다. 2025년 서울 아파트 시장은 강남을 필두로 폭등세에 진입했다. 거래가격은 순식간에 수억 원씩 치솟았고, 시장은 다시 과열되기 시작했다. 금융당국은 부랴부랴 6·27 대책을 내놓았다.

현재 거래량은 잠시 주춤했지만 외부 환경은 변하지 않았다. 오히려 미국과 관세 협상을 마무리하면서 미래의 불확실성이 줄어들었다. 인플레이션과 금리 인하 기조, 그리고 공급 부족이라는 구조적 조건은 여전히 동일한 것이다.

6·27 대책 이후 전망을 살펴보면 저가 아파트(9억 원 이하)는 규제의 무풍지대일 것이다. 신규 주택 매수자가 9억 원 이하 아파트를 매입할 때는 6·27 대책과 관계없이 주택담보대출을 충분히 받을 수 있기 때문이다. 고가 아파트, 특히 이른바 '슈퍼스타 단지'는 거래량이 감소하는 가운데서도 신고가를 기록할 가능성이 있다. 또한 고가 아파트 주요 수요자인 부유층들의 현금 동원력이 충분하다면 시장에 계속 참여할 수 있다.

《부동산 트렌드 2026》에서는 이러한 내·외부 조건을 더 깊이 살펴보고자 한다. 현재 시장을 움직이는 근본적인 동력은 대한민국 내부가 아니라 외부, 특히 미국에서 불어오고 있다. 글로벌 관세 전쟁이 전 세계를 뒤흔들며 인플레이션의 파도를 일으키고 있는 것이다. 관세 인상은 수입물가 상승으로 곧장 이어지고, 생활비 전반이 오르는 상황 속에서 사람들은 다시 실물자산을 찾기 시작했다.

그러나 경기 침체의 그늘은 여전히 짙다. 기업의 투자와 소비가 위축되는 가운데 각국 중앙은행은 금리 인하라는 처방을 꺼낼 수밖에 없었고, 한국은행 역시 기준금리를 인하하기 시작했다. 우리나라는 지난 1년간 무려 100bp(1%)를 낮췄다. 일단 금리 인하 기조가 정해진 이상 동결은 가능해도 인상으로 돌아설 수는 없다. 결국 이는 시점과 폭의 문제일 뿐, 금리는 앞으로도 인하될 수밖에 없다.

이것은 모순된 환경이다. 인플레이션은 실물자산 가격을 밀어 올리고, 떨어진 금리는 자산 매입의 진입 장벽을 낮춘다. 가격 상승을 자극하는 두 요인이 맞물린 것이다. 어느 쪽으로도 도망칠 수 없는 조건 속에서, 서울 부동산의 방향은 사람들의 소득 수준과 무관하게 이미 정해져 있다.

다만 2025년 상반기의 강남권 아파트 폭등이 앞으로도 지속된다고 보기는 어렵다. 간혹 신고가가 나오더라도 가격 상승세는 둔화할 가능성이 크다. 과거 몇 년에 걸친 누적상승률을 보면 강남과 강북의 움직임은 유사했다. 따라서 앞으로 주목받을 핵심 이슈는 강남권의 상승세가 강북권으로 전이되는 '상승 도미노'다.

필자는 2023년부터 줄곧 서울 아파트 공급 부족 문제와 가격 상승 가능성을 지적해왔다. 특히 인플레이션 시기 부동산 가격 상승으로 가장 큰 피해를 보는 계층은 중산층과 서민이기에, 제대로 된 공급 대책을 세우라고 《부동산 트렌드 2023》과 《부동산 트렌드 2024》에서도 강조했다. 다양한 미디어를 통해서도 기회가 있을 때마다 이야기해왔다.

그러나 지금 상황은 정책 실패가 곧 시장 실패로 이어지는 국면에 이르렀다. '상승 도미노'의 폭이 어떻게 나타날지는 알 수 없지만, 2025년 하반기와 2026년 상반기 시장이 예상보다 크게 움직일 경우 그 후폭풍은 반드시 누군가의 책임으로 돌아갈 것이다.

김경민

 **주요 용어 해설**

PF대출(Project Financing)
부동산 PF란 건물을 짓는 '프로젝트의 사업성'을 평가해 대출을 내어주는 것이다. 일반 대출에서는 돈을 빌려주는 '대주'가 돈을 빌리는 '차주'의 상환 능력과 이자지급 능력을 평가하고 대출 여부를 결정한다. 반면에 부동산 PF에서는 앞으로 지을 건물(담보물)과 그 건물을 분양해서 발생할 현금흐름(상환능력)을 평가한다. 이때 돈을 빌려주는 대주, 즉 은행은 대상이 '건물'이라는 점을 고려해 계획대로 무사히 지어질 것인지(시공사의 책임준공 능력), 분양이 예정대로 잘 될 것인지(혹은 할인을 해서라도 팔 수 있는지)를 고려한다.

PF대출로 오가는 금액은 프로젝트 규모에 따라 수십에서 수천억 원에 달하며, 전체 규모는 2025년 3월 말 약 190조 8,000억 원으로 추산된다. 그러나 2025년 3월 금융위원회 사업성 평가 결과 유의(C) 혹은 부실 우려(D) 여신 규모가 약 21조 9,000억 원(전체 금액의 11.5%)으로 추산됐고, 대출 연체율은 2023년 12월 말 2.70%에서 2025년 7월 4%대로 뛰어오르며 우려를 불러일으키고 있다.

실제로 부동산 PF 연체는 일반인에게도 직접적인 피해를 끼친다. 공사 지연이나 중단으로 분양받은 집의 입주가 지연되거나 무산될 위험이 있고, 신규 주택 공급 위축은 전·월세 가격 상승으로 이어져 주거비 부담이 커질 수 있다. 동시에 미분양 확대와 시장 불신은 집값 하락 압력을 높여 보유 자산가치가 줄어들고, 대출을 낀 가구는 상환 부담이 커진다. 여기 더해 금융기관이 PF

부실을 근거로 가계대출을 축소하거나 금리를 올리면 일반 서민은 생활자금이나 주택자금을 마련하기가 더욱 어려워지는 악순환을 겪게 된다.

N파고(전고점, N wave)

N형 패턴은 주식 시장 가격 분석에서 나온 기법으로, 가격이 상승-조정-재상승이라는 3단계로 움직이는 모습을 뜻한다. 차트 모양이 알파벳 N을 닮아 이런 이름이 붙었다. 가격이 첫 번째 고점까지 상승한 후 하락해 저점을 형성한 뒤 다시 상승해 두 번째 고점을 형성하는 형태다.

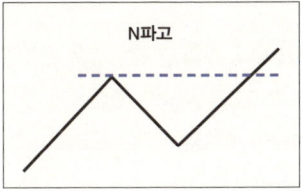

두 번째 고점이 첫 번째 고점을 넘어서면 상승세가 지속될 가능성이 크다는 신호로 해석된다.

W파고(역사적 고점, W wave)

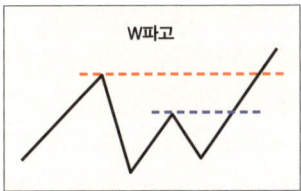

W형 패턴은 가격이 상승-조정-재상승을 거치며 (파란색 표시) 가장 가까운 과거의 고점을 돌파한 뒤 (빨간색 표시) 역대 최고점까지 경신하는 모습을 뜻한다. 차트 모양이 알파벳 W를 닮아 이런 이름이 붙었다. 가격이 역사적 고점을 경신하는 W파고는 N파고보다도 훨씬 강한 상승세가 이어질 거라는 신호로 해석된다.

LTV(주택담보대출비율, Loan To Value Ratio)

집값 대비 얼마까지 대출받을 수 있는지 나타내는 비율이다. 가령 10억 원짜리 집을 담보로 7억 원을 대출받는다면 70%, 6억 원을 대출받는다면 60%다. 9·7 대책이 적용된 2025년 9월 8일부터는 강남3구와 용산구의 LTV가 50%에서 40%로 낮아진다. 또한 1주택자의 전세대출 한도는 수도권 및 규제지역 모두 2억 원으로 조정되면서 기존 6·27 대책 대비 대출 제한 정책이 한층 더 강화됐다. LTV 비율이 떨어지면 그만큼 자기 자본을 추가로 투입해야 하고, 반대로 LTV 비율이 올라가 대출 금액이 늘어나면 이자 부담이 커지므로 규제 상한선 안에서 자신의 상황에 맞는 비율로 조정하는 것이 중요하다.

DTI(총부채상환비율, Dept To Income Ratio)

연 소득 중에서 빚을 갚는 데 쓰는 금액의 비율이다. 빚의 규모는 대출 종류에 따라 원금과 이자 등 계산하는 방식이 다르지만 DTI는 비교적 간단하게 계산할 수 있다. 가령 연 소득이 5,000만 원인 사람이 주택담보대출 원금과 이자, 기타 대출이자를 더해 매년 2,500만 원을 상환한다면 DTI는 2,500/5,000×100=50%다. DTI가 높다면 연 소득에 비해 대출 부담이 크다는 뜻으로, 추가 대출을 받을 경우 금융기관은 이 부분을 더욱 신중하게 평가한다. 6·27 대책 이후 무주택자와 생애 최초 구입자, 연 소득 7,000만 원(부부 합산 1억 원) 이하인 경우 지역과 관계없이 최대 DTI 60%가 적용된다. 투기지역/투기과열지구(강남·서초·송파·용산)는 40%, 그 외 조정대상지역은 50%로 제한됐다.

DSR(총부채원리금상환비율, Dept Service Ratio)

연 소득 중에서 빚의 '원리금'을 갚는 데 쓰는 금액의 비율이다. DTI는 주택담보대출 원리금+다른 모든 대출의 '이자'로 계산하지만 DSR은 주택담보대출 원리금+다른 모든 대출의 '원리금'으로 계산하기 때문에 DTI보다 엄격하며, 비중도 높게 나온다. DTI와 DSR 모두 지나치게 높을 경우 추가 대출 한도가 줄어들 수 있다.

DSR 계산 시 중요한 변수는 '앞으로 변할 금리'다. '스트레스 DSR'은 현재 부담하는 금리가 아니라 '앞으로 오를 가능성이 있는 금리'를 반영해 계산한다. 금리가 상승해 대출 상환 부담이 커지더라도 감당할 수 있는지 평가하는 것이다. 2025년 7월부터는 '스트레스 DSR 3단계' 기준이 적용됨에 따라 신용대출이 1억 원을 초과할 시 적용 금리에 1.5%를 더한다. 이처럼 미래에 올라갈

수도 있는 금리를 고려해 계산하면 대출 한도는 현재(1.5%를 더하기 전) 감당할 수 있는 수준보다 줄어들게 된다. 대출금이 1억 원을 초과하면 은행권 DSR은 40%, 비은행권 DSR은 50%가 적용된다. 가령 연 소득이 5,000만 원이고 은행권을 이용한다면 1년간 갚아야 할 모든 대출의 원리금 합계가 2,000만 원(40%)을 넘을 수 없다.

리츠(REITs, Real Estate Investment Trusts)

다수의 투자자로부터 자금을 모아 부동산에 투자하고, 그 수익을 배당 형태로 돌려주는 간접투자 기구다. 주식이나 채권에 직접 투자하는 것과 달리, 리츠는 부동산 자산(오피스, 물류센터, 임대주택, 호텔, 쇼핑몰 등)에 간접적으로 투자한다는 점에서 차이가 있다. 따라서 소액 투자자도 대규모 부동산 프로젝트에 참여할 수 있으며, 안정적인 임대 수익과 매각 차익을 배당받을 수 있다.

리츠에서 중요한 변수는 '부동산 운용 능력'이다. 어떤 자산에 투자하는지, 임대료 수익이 얼마나 안정적인지, 매각 시점에 어떤 차익을 얻을 수 있는지가 리츠의 성과를 좌우한다. 특히 상장 리츠의 경우 주식 시장에 등록돼 있어 거래가 자유롭고, 시장 변동성에 따라 수익률도 달라진다. 2025년 현재 한국에서는 공모 상장 리츠를 중심으로 시장이 성장하고 있으며, 개인 투자자들은 적은 금액으로도 부동산 간접투자가 가능하다. 가령 연 5% 배당을 지급하는 리츠에 1,000만 원을 투자한다면 매년 50만 원의 배당금을 받을 수 있는 구조다.

차례

프롤로그_ 서울 부동산의 미래는 이미 정해져 있다 … 4
주요 용어 해설 … 8

 **2025 부동산 시장 돌아보기**

1. 2025년 부동산 시장에 일어난 일들
슈퍼사이클을 넘어 상승 도미노로 … 21

2. 2025년 부동산 트렌드의 변화
강북 아파트 상승 도미노의 시작 … 27
서민 주거의 받침판, 빌라 시장 분석의 중요성 … 29

 **빅데이터로 분석한 서울 & 전국 아파트 시장**

1. '전국' 아파트 매매 시장 동향
전국 아파트 매매 시장 트렌드: 서울 중심 회복세와 지역별 격차 … 35
매매가격 트렌드: 59m² 이하 소형 평형의 상승 … 37

거래량 트렌드: 서울과 지역 부동산 시장의 확연한 온도 차 … 39
서울 부동산 시장 트렌드: 서울 전역과 수도권 일부 신도시로의
슈퍼사이클 확산 … 42

2. '신도시' 아파트 매매 시장 동향

뚜렷해진 분당·수지 중심의 신도시 아파트 시장 회복세 … 45
분당·일산: 극명한 가격과 거래량 차이 … 47
평촌·수지: 유사한 회복 패턴 … 49
김포·남양주: 여전한 혼조세 … 50
의정부·파주: 정체의 지속 … 52
신도시 부동산 매매 시장 인사이트 … 54

3. '서울' 아파트 매매 시장 동향

강남3구와 노도성의 차별적 움직임 … 57
강남3구 거래가격 사상 최고치 경신 … 60
2025년 2분기, 강남3구를 넘어선 노도성 거래량 … 61

4. 서울 아파트 시장 상승 도미노 예측
  - 4개 권역별 매매·전세 시장 심층 분석

확연히 벌어지는 권역별 회복 속도 … 65

5. 서울 교육지역 분석 - 목동 VS 여의도, 최고의 선택지는?

목동: 체계적 교육 시스템의 완성체 … 71
목동 교육 인프라 현황 … 72
여의도: 소수정예 교육의 숨겨진 보석 … 75
여의도 교육환경의 차별성 … 76
목동 VS 여의도, 어떤 기준으로 선택할 것인가 … 77
학군지 선택의 핵심 기준 … 78

서울시 빌라 시장 정밀 분석

1. 서울시 빌라 시장 주요 동향
왜 빌라 시장을 주목해야 하는가 … 83
매매 시장이 급감하는 이유 … 86
폭발적인 반전세 전환의 의미 … 88
서울시 빌라 매매·전세가격 트렌드 … 92
[Information] 빌라 공급 절벽, 무너지는 주거의 최후 보루 … 94

2. 빌라 VS 아파트 시장 비교
아파트 대비 저조한 빌라 매매가격상승률 … 99
아파트와 빌라 전세 시장의 분화 … 101

3. 동일 지역 내 아파트와 빌라 시장 비교
역삼2동·대치4동 사례 비교 … 105
빌라 시장이 알려주는 5가지 인사이트 … 110

2026년 부동산 투자 빅이슈 TOP 6

1. 글로벌 충격파와 한국 부동산 시장
한 치 앞을 모르는 글로벌 정치·경제 … 115
관세 전쟁과 월세 폭등의 상관관계 … 116
금리 인하를 통한 경기 활성화 … 119

인플레이션과 금리 인하의 어색한 공존 … 120
[Information] 1923년 초인플레이션에도 살아남은 부동산 투자자들 … 121

2. 서울 주택 시장 양극화, 슈퍼스타 단지의 출현
슈퍼스타 단지 출현의 필연성 … 125
서울 아파트 시장과 슈퍼스타 경제학 … 126
양극화가 심화되는 서울 아파트 시장 … 132
[Information] 서울 용산 VS 도쿄 아자부다이 힐즈: 단순 비교와 이식이 위험한 이유 … 137

3. 강남 아파트 신고가에 가려진 거대한 수요
60억 신고가는 허상일 뿐이다 … 141
[Information] 도쿄 부동산 시장, 과연 '잃어버린 30년'인가? … 150

4. 현재도, 앞으로도 공급이 문제다
전국 아파트 입주 물량 절멸 … 158
구조적인 공급 부족에 시달리는 서울시 … 160
권역별 편중으로 더욱 심각해진 서울 아파트 공백 … 162
빌라마저 턱없이 부족한 서울시 … 164

5. 전세 방어력으로 읽는 부동산 시장
전세의 놀라운 인플레이션 방어력 … 171
현실을 따라잡지 못하는 물가 통계 … 172
전세상승률, 인플레이션을 앞서다 … 174
전세 방어력의 지역별 차이 … 176

6. 서울 부동산 시장의 상승 도미노
서울 아파트 가격 이동평균선이 보여준 흐름 … 181
상승 도미노의 속도: 시차로 본 흐름 … 183

상승 도미노의 강도: 상승 폭과 수익률의 격차 … 188
[Information] 진보 정권이 들어서면 집값이 오른다? … 190

서울시 16개 대장 단지 상세 리포트

1. 권역별 아파트 단지 포트폴리오 분석 - 상승 도미노의 포착
서울 일시정지 이론(Seoul Pause Theory) … 199
인구가 줄어도 서울 집값이 상승하는 이유 … 201
서울시 16개 대장 단지 분석 … 203

2. 서울시 대장 단지 가격 정밀 분석
① 동대문구 '청량리역 더블 랜드마크' … 221
② 양천구 목동신시가지 … 232
③ 송파구 송파위례24단지꿈에그린 … 237
④ 노원구 한진한화그랑빌(feat. 9억 원 미만 서울 아파트) … 240
대장 단지 분석으로 보는 5가지 인사이트 … 246

2026년 부동산 가격 大예측

1. 서울 아파트 가격 시나리오
'집값 상승 도미노', 시간의 문제다 … 253
[Information] 주택 보유 시 적정한 부담을 주는 정책을 제시하라 … 260

2. 대한민국 부동산 시장이 가야 할 방향
'강남 집값을 잡아야 한다'라는 착각 … 265
'정부 개입'과 '자유시장경제'라는 아이러니 … 266
반복된 정부 개입이 빚어낸 후폭풍 … 270
왜 우리에겐 제대로 된 주택 정책 목표가 없나 … 271
대한민국이 지향해야 할 3가지 포인트 … 273
장기적 주택 정책 목표 제언 … 275

주목해야 할 '핫' 플레이스

1. 관광객이 주도하는 서울 상권 트렌드
서울 시내 호텔에서 골목까지 … 285
여행 열기로 되살아나는 서울 … 286
호텔의 재도약과 잠재적 위기 … 288
이들은 어디서 자고 어디서 즐기는가 … 290

2. 진격의 K-문화 그리고 서울의 재발견
충무로·신당·약수: 핫플 트라이앵글 … 295
확장하는 서울 미식 지도 … 296
K-세계관의 원천, 크리에이터가 사는 동네 … 298
오래된 거리의 새로운 얼굴, 장충동 … 302
2026년 글로벌 키워드: 한국인 … 308

참고문헌 … 311

2025 부동산 시장 돌아보기

2025년 부동산 시장에 일어난 일들

시장 참여자가 인지해야 할 사실은 크게 두 가지다. 서울 부동산 '슈퍼사이클'의 흐름은 여전히 지속되고 있다는 점, 그리고 강남권에서 시작한 가격 상승의 모양새가 강북의 저가 아파트 지역으로 확대되는 '상승 도미노'의 가능성이다.

슈퍼사이클을 넘어 상승 도미노로

부동산 시장에는 늘 상반된 주장이 공존한다. 양쪽 모두 수요, 공급, 금융시장, 정책 방향 등 다양한 근거를 들지만 결국 논쟁은 "가격이 상승할 것인가, 하락할 것인가"로 요약된다. 필자는 작년 저서 《부동산 트렌드 2025》의 부제를 '서울 아파트 슈퍼사이클 진입'이라고 붙이며 상승 방향을 예고했다. 그로부터 1년이 지난 현시점에 과연 당시 예측이 정확했는지 점검해볼 필요가 있다.

가격 예측이란 매우 다양한 변수를 종합적으로 고려한 후 복잡한 모델링 과정을 거쳐야 가능하다. 게다가 실물경제는 늘 불확실성으로 가득하다. 따라서 아무리 정교한 분석 끝에 얻은 결과라 할지라도 이를 공개하는 것은 필자에게도 부담스러운 일이다. 그러나 작년의 경우, 많은 변수가 한 방향을 바라보고 있었고 미래는 '정해져 있다' 말할 수 있을 만큼 선명했다. **역대 최악의 공급 부족과 금리 인하 신호, PF 문제 연장, 전셋값 폭등** 등 많은 요인이 서울 부동산 상승 태세를 가리키고 있었다. 당시 시장 참여자 다수는 눈치채지 못했지만 강남 지역은 심지어 신고가를 경신하거나 그에 준하는 가격으로 상승 중이었다. '슈퍼사이클'의 초입에 진입한 것이다.

'슈퍼사이클'이라는 용어를 사용한 만큼, 필자는 서울의 많은 지역이 전 고점을 뛰어넘으며 상승할 것이라 보고 있다. 2023년의 직전 고점은 물론 2021~2022년의 역대 최고점을 돌파하는 것도 시간문제라 본다. 특히 강남 같은 일부 지역에서의 급격한 가격 상승은 그 기운이 다른 지역으로 확산되며, 전반적인 부동산 가격 상승을 예고하고 있다.

_《부동산 트렌드 2025》 5쪽

작년 저서에서는 서울 내 12개 대단지 아파트 가격을 분석해 2023년의 전고점(N파고)과 2021년의 역사적 고점(W파고) 돌파 여부를 확인했다. 일부 지역 단지(중구 남산타운, 관악구 관악드림타운, 서대문구 DMC파크뷰자이)는 전고점을 넘어서는 데 시간이 소요되겠지만 대다수 단지는 역사적 고점까지 달성할 가능성이 크다는 결론을 내렸다.

(송파구 잠실 '엘리트'는) 매우 동질적인 유형의 단지에 동일한 평형대가 대규모로 존재하는 만큼, 서울시 아파트 가격 현황을 가장 잘 대변하는 단지라 생각할 수 있다. (중략) 잠실 엘리트 33평형은 평균가격 기준으로 N파고를 돌파했고, W파고 역시 돌파할 가능성이 높다. 2024년 2분기 최고가는 이미 2021년 평균가격을 넘어선 상황이다. 다만 당시 최고가 27억 원에는 약간 못 미친다. 참고로 25평형은 W파고를 이미 달성했다.

_《부동산 트렌드 2025》 193~195쪽

실제로 2024년 말부터 2025년 초에 이르자 뉴스 기사에 '신고가 행진', '집값 들썩' 같은 단어가 연일 등장했고 사람들도 부동산 상승을 인식하기 시작했다. 또한 서울 부동산 매매가 상승을 견인한 요인들도 하나둘 수면 위로 올라왔다. 특히 필자가 지속해서 언급해왔고, 가장 심각하게 우려한 '공급 부족' 문제는 이제 모두가 알게 됐다. 공급 부족이 심각하다는 현실을 인지한 시장 참여자들은 매수로 대응하는 상황이다.

> 서울시 아파트 입주 물량 부족에 대해서는 여러 번 언급했다. 2024년 서울 지역의 아파트 입주 물량은 약 2만 가구로 2010년 이후 최저 수준이다. 또한 2025년에 예정된 약 2만 6,000가구도 2017년의 약 2만 9,000가구 이후로 최저치다. 향후에는 1만 가구 수준으로 훨씬 더 적어질 것으로 예상된다.
>
> _《부동산 트렌드 2025》 237~239쪽

> 향후 2~3년 뒤에는 심각한 공급 절벽이 예상된다. (중략) 이는 서울에 한정된 이야기로 현재 다른 광역시와 지방에서는 공급 물량이 미분양으로 남아 주택 시장의 침체로 이어지고 있다. 특히 2026년 서울시에 예정되어 있는 역대급 공급 부족은 수요와 공급의 불균형에 따라 주택 가격의 상승을 초래할 가능성이 크다.
>
> _《부동산 트렌드 2025》 76쪽

또 하나의 중요한 변수인 '기준금리'에 대해서도 지속적인 하락을 예상했다. 《부동산 트렌드 2025》 출간 당시 3.5%였던 기준금리는 2025년 8월 현재 2.50%까지 지속적으로 내려가며 100bps♀ 하락한 모습이다. 하락 폭 역시 예상했던 범주 안에 있다.

우리나라 금리는 2021년 3분기부터 2023년 1분기까지 꾸준히 상승하고, 현재까지 유지되고 있는 상황이다. 2024년 하반기에는 금리 인하의 조짐이 보이고 있다. 이는 한국은행뿐만 아니라 정치권에서도 요청하고 있는 바다. 따라서 금리 인하에 따라 향후 부동산 가격은 상승할 가능성이 매우 높다.

_《부동산 트렌드 2025》 234쪽

가격 측면의 기술적 분석은 물론이고 공급 물량, 금리, 인플레이션 등 다각도로 부동산 시장을 바라봤지만 결론은 일치했다. 모든 시장 지표가 상승 방향을 가리키고 있었고, 그 신호로 전세가격 폭등과 전세 및 매매 거래량의 역전도 확인할 수 있었다. 이러한 외부 상황을 모두 고려해 결론적으로 제시한 2025년 서울시 부동산 가격 시나리오는 다음과 같았다. 가장 중요한 변수는 '금리의 흐름'이었다.

♀ 1bps=0.01%

금리가 2024년 6월 대비 0.25%p 인하될 경우 서울 전체 아파트 가격은 약 5% 상승할 것으로 예상된다. 한편 금리 인하 폭이 0.75%p까지 확대될 경우 가격상승률은 10%에 이를 수 있다.

_《부동산 트렌드 2025》 246쪽

2024년 중반에 시작된 부동산 슈퍼사이클은 장기적인 상승세로 이어질 가능성이 크다. 이는 결국 시장의 자율적인 힘이 정부의 개입을 이길 수 있다는 사실을 입증하게 될 것이다.

_《부동산 트렌드 2025》 252쪽

2026년을 앞둔 지금 시점에서 시장 참여자가 인지해야 할 사실은 크게 두 가지다. 서울 부동산 '슈퍼사이클'의 흐름은 여전히 지속되고 있다는 점, 그리고 강남권에서 시작한 가격 상승의 모양새가 강북의 저가 아파트 지역으로 확대되는 '상승 도미노'의 가능성이다.

2025 부동산 시장 돌아보기

2025년 부동산 트렌드의 변화

'최대 6억 원'이라는 한도가 강력하게 느껴질 수는 있으나, 강북 지역 아파트 매입에도 같은 효과를 발휘할지는 의문이다. 2025년 현재 노도성(노원구, 도봉구, 성북구)의 25평 및 33평 아파트 평균 거래금액과 서울시 평균 거래금액을 정확히 이해한다면, 이 대출 한도가 정말 부담이 되는가에 관해서는 '그렇지 않다'라고 답할 수 있다.

강북 아파트 상승 도미노의 시작

2025년 8월 현재, 정부의 강력한 수요 억제 정책으로 시장의 흐름이 단번에 뒤바뀌었다고 여기는 이가 많다. 이는 불과 두세 달 전과는 극명히 대비되는 상황이다. 당시 강남권에서는 신고가가 속출했고, 한강변 아파트들 사이에서도 고가 아파트가 연이어 등장하면서 가격 폭등에 대한 공포심마저 감지됐다.

하지만 강남과 한강권 아파트의 'N파고 돌파'(2021년 당시 신고가 경신)와 슈퍼사이클 진입은 이미 《부동산 트렌드 2025》에서 언급한 바 있다. 시장은 그 예측대로 움직였을 뿐이다. 빅데이터 기반 분석은 IMF나 2008년 금융위기, 정부 정책 같은 특별한 변수가 없다면 대체로 예측에서 크게 벗어나지 않는다.

정부의 시장 개입 가능성 또한 작년 책에서 다음과 같이 언급한 바 있다.

> 우리나라 정부는 자유시장경제의 원칙과는 다르게 과도하게 시장에 개입하는 경향이 있다. 예를 들어 대출 규제 비율인 LTV와 DTI를 자의적으로 조정하며 부동산 세율 및 기타 규제 정책을 편의적으로 집행하는 식이다.
>
> _《부동산 트렌드 2025》 252쪽

문제는 '6·27 대책'이라 불리는, 주택담보대출을 최대 6억 원으로 제한한 정책이 과연 시장에서 제대로 작동할 것인가 하는 점이다. 이 대책은 고가주택 시장에는 분명한 영향을 줄 것이다. 예컨대 20억 원짜리 아파트를 구입할 경우 종전의 LTV 50% 기준으로는 자기 자금이 10억 원 필요했는데, 현행 기준으로는 14억 원이 요구되므로 부담이 상당히 커졌다.

이때 '최대 6억 원'이라는 한도가 강력하게 느껴질 수는 있으나, 강북 지역 아파트 매입에도 같은 효과를 발휘할지는 의문이다. 2025년 현재 노도성(노원구, 도봉구, 성북구)의 25평 및 33평 아파트 평균 거래금액과 서울시 평균 거래금액을 정확히 이해한다면, 이 대출 한도가 정말 부담이 되는가에 관해서는 '그렇지 않다'라고 답할 수 있다.

예를 들어 25평형 아파트 평균 거래금액이 6억 원일 경우, 생애최초 구입자라면 여전히 LTV 70%(4억 2,000만 원)까지 대출이 가능하다. 따라서 정책 시행에 영향을 받지 않는다. 33평형이 9억 원이라면 규제 전과 같이 LTV 70% 적용 시 은행 대출 6억 3,000만 원을 제외하고 자기 부담금 2억 7,000만 원이 필요하다. 이때 대출이 6억 원으로 제한되면 부담금은 3억 원이 된다. 자기 자금을 3,000만 원 정도만 늘리면 충분히 매입할 수 있다는 이야기다.

따라서 정부의 수요 억제 정책이 시행되더라도 그 효과는 고가주택 지역에 한정될 가능성이 있다. 저가주택 지역의 경우 단기적으로는 강한 정부 규제로 말미암아 거래가 단절되는 패닉 상황이 생길 수 있으나, 이에 따른 영향은 제한적이다.

합리적인 소비자들은 결국 시간이 지나면서 시장 안팎의 상황, 즉 인플레이션, 풍부한 유동성, 미래 공급 절벽(이에 따른 전·월세 상승) 등을 다시 고려하면서 자신들이 감당할 수 있는 수준의 아파트 매수에 나설 가능성이 크다. 여기에 "정부가 더 강한 규제를 내놓기 전에 나도 빨리 사야 한다"라는 불안 심리까지 작용한다면 비합리적인 선택으로 이어질 위험성도 배제할 수 없다.

이러한 불안 심리와 비합리적 선택 가능성을 차치하더라도, 부담 가능한 가격대 아파트 매수는 이미 시작됐다. 2025년 2분기 노도성 지역 거래량은 2022년 1분기 이후 최대치를 기록했으며, 이는 대표적인 상승 도미노의 서막으로 해석할 수 있다. 여기에 불안 심리와 비합리적 선택이 더해진다면 부동산 시장에서 더욱 예측하기 어려운 양상이 전개될 수 있다.

서민 주거의 받침판, 빌라 시장 분석의 중요성

서울시 주택 시장을 이해할 때 우리는 지나치게 아파트에만 주목하는 경향이 있다. 그러나 실질적인 생활 현장을 반영하는 주거 실태는 다르다. 주택 수 기준으로는 아파트가 서울시에서 60%를 차지하지만, 실제 거주 가구 기준으로는 <mark>비아파트, 특히 연립·다세대 주택(일명 '빌라')이 전체 가구에서 57%를 차지한다.</mark> 즉, 아파트가 가장 보편적이라는 통념과 달리 서울시민 다수는 여전히 비아파트 유형에 거주한다는 것이다.

이러한 현실에도 불구하고 빌라 시장은 정책적·학술적·언론적 관심에서 오랫동안 소외됐다. 하지만 최근 몇 년간 빌라 시장의 구조가 급변하며 그 중요성이 더욱 커지고 있다. 매매보다 임대 중심으로 재편되는 흐름, 전세사기 사건에 따른 신뢰 붕괴, 전세에서 반전세·월세로의 전환, 그리고 2023년 이후의 공급 절벽 등은 단순한 시장 변화가 아니라 서울시 주거 구조 전반의 균열을 뜻하기 때문이다.

특히 빌라는 중산층 이하 계층, 청년, 신혼부부, 고령층 등 사회적 약자를 위한 주거 선택지로서의 기능을 담당해왔다. 따라서 이 시장의 위축은 곧 사회적 주거 안전망 붕괴로 직결되며, 아파트에 대한 과도한 수요 집중, 임대차 시장의 불균형, 도시 공간의 단층화 같은 부작용으로 이어질 수밖에 없다. 나아가 서울시의 주택 공급체계에서 중요한 축 하나가 사실상 소멸하고 있는 현 상황은 정책당국이 결코 간과해서는 안 될 위기 신호다.

따라서 빌라 시장은 단순히 부동산 하위 시장이나 변방이 아니라, 서울 주택 시장 전반의 구조적 이해와 향후 정책 설계를 좌우하는 핵심 변수다. 이 시장을 면밀하게 분석하고 변화의 흐름을 정확히 포착하는 일은 주거 다양성과 사회적 포용성을 회복하는 첫걸음이자, 도시의 지속 가능한 균형 발전을 돕는 필수 작업이라 하겠다.

부동산 트렌드 시리즈와 우리 연구진은 2026년을 기점으로 빌라 시장과 아파트 시장의 관계, 빌라 시장 매매가격과 전세가격의 추이, 공급 이슈 등을 지속적으로 다루고자 한다.

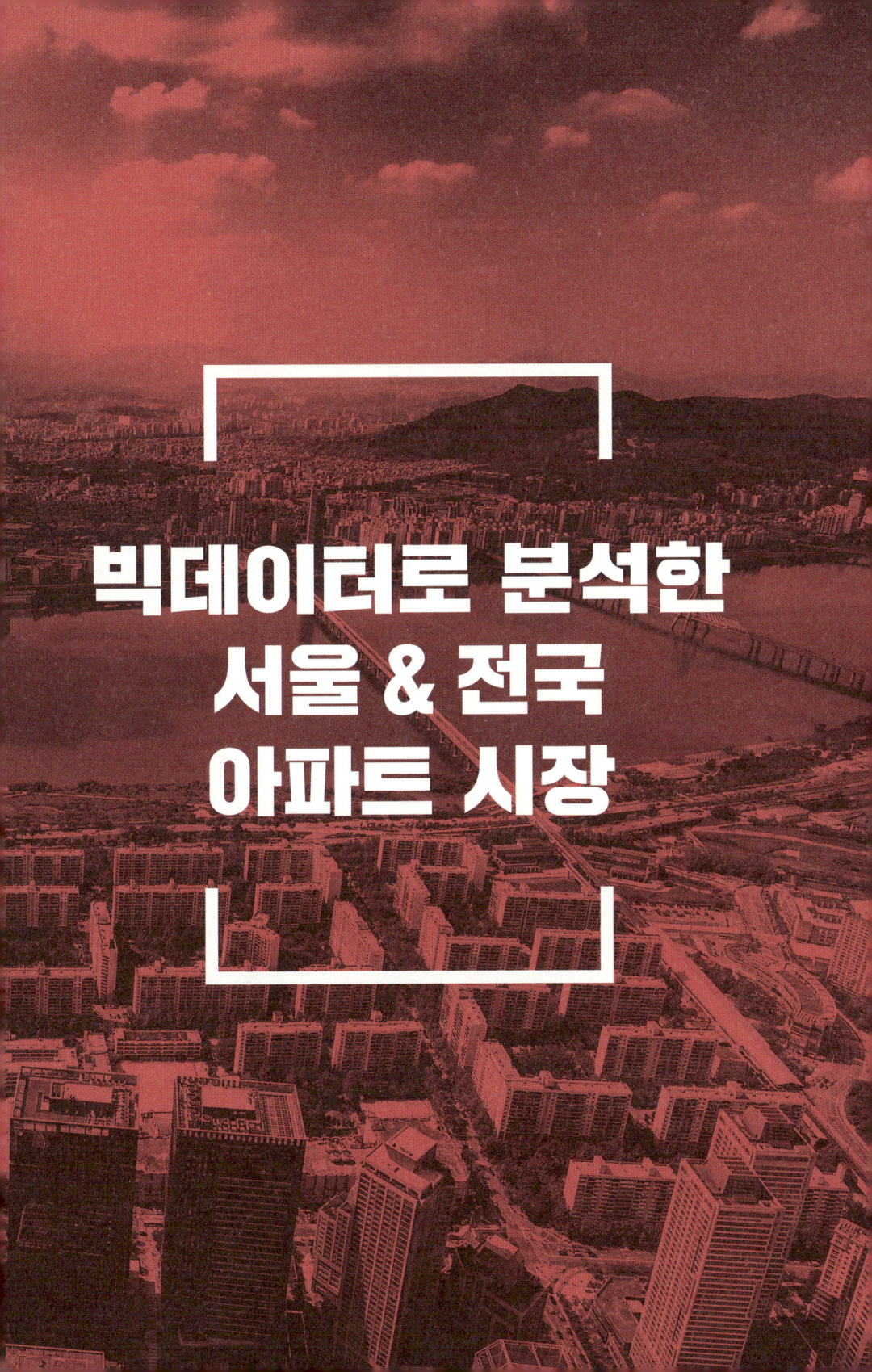
빅데이터로 분석한
서울 & 전국
아파트 시장

빅데이터 분석
1

'전국' 아파트 매매 시장 동향

이러한 패턴은 과거 여러 차례 반복된 사이클에서 꾸준히 관측된 것으로, 고가지역(강남)에서 시작된 반등이 서울 전역으로 확산하고, 이후 도미노처럼 인근 신도시로 퍼지는 전형적인 슈퍼사이클 전개 방식을 보인다.

전국 아파트 매매 시장 트렌드: 서울 중심 회복세와 지역별 격차

전국 아파트 시장은 2023년 1분기를 저점으로 점진적인 회복세를 보이고 있다. 그러나 이 회복세는 지역에 따라 명확한 차이가 있고, 특히 서울을 중심으로 한 수도권과 지방 광역시 간 격차가 뚜렷하다.

서울의 경우 가격은 2023년 1분기 저점 대비 2025년 2분기에 20.1%라는 상승률을 기록하며 전국에서 가장 뚜렷한 회복 흐름을 보였다. 직전분기 대비 거래량은 2025년 1분기에 84%, 2분기에는

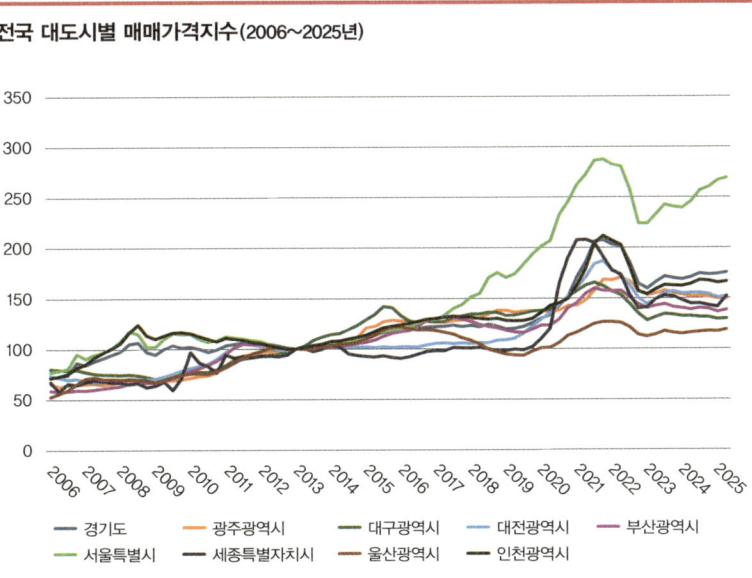

전국 대도시별 매매가격지수(2006~2025년)

187% 급증하며 시장 회복을 주도했다. 반면 광주의 경우 가격은 2023년 1분기 저점 대비 2025년 2분기 2.8% 하락을 기록하며 저점에서 회복하지 못한 모습이다. 이러한 차이는 가격 상승세뿐 아니라 거래량 측면에서도 동일하게 나타나고 있다. 이는 같은 시기, 같은 국가 내에서도 부동산 시장의 양극화가 심화되고 있음을 시사한다.

상승세를 보인 지역을 구체적으로 살펴보면 서울(20.1%)을 필두로 경기(10.1%), 인천(8.2%), 세종(7.8%) 순으로 회복세가 이어지고 있다. 이들 지역은 수도권과 행정중심복합도시라는 공통점이 있어, 인구 유입과 행정수도 이전에 대한 기대심리가 가격 상승을 견인한 것으로 보인다.

또한 주목할 점은 가격 상승과 거래량 증가가 동시에 이뤄졌다는 사실이다. 보통 부동산 시장에서는 거래가 선행지표로 작용하며 가

전국 대도시별 매매가격지수 상승률

지역 시기	서울	경기도	인천	세종	울산	대전	대구	부산	광주
2023년 1분기	223.8	159.5	153.9	140.8	111.9	144.0	127.7	139.9	153.1
2025년 2분기	268.9	175.5	166.5	151.7	118.7	151.6	129.5	138.2	148.8
상승률	20.1%	10.1%	8.2%	7.8%	6.0%	5.3%	1.4%	-1.3%	-2.8%

격 상승을 유도하는 경향이 있는데, 서울은 가격과 거래량 모두 급격한 상승세를 보였다는 점에서 특별히 주목받고 있다. 이는 단순한 경기 반등을 넘어 시장 심리가 회복되고 자산 선호도가 빠르게 이동하고 있다는 신호로 해석된다.

매매가격 트렌드: 59㎡ 이하 소형 평형의 상승

2023년 1분기 이후 아파트 가격은 지역별 상승 폭 차이가 매우 크다. 서울은 20.1% 상승했으며 경기(10.1%), 인천(8.2%), 세종(7.8%)도 상대적으로 높은 상승률을 기록했다. 반면 부산(-1.3%), 광주(-2.8%)는 여전히 정체에서 벗어나지 못한 모습이다.

이러한 흐름은 인구 이동, 공급량, 지역의 성장 기대치 등 구조적 요인이 한꺼번에 작용한 결과라고 해석할 수 있다. 수도권은 인구 유입이 지속되는 반면 지방 대도시는 인구 감소와 함께 미분양 부담, 경기 둔화 등 복합적인 제약에 노출돼 있다.

2021년 3분기 고점과 비교할 때 전국 아파트 가격은 7.3% 하락한 후 정체를 보였지만, 서울은 6.1% 하락에 그쳐 조정 폭이 작았다.

그러나 강남구는 2021년 하반기 전고점을 돌파해 19.8% 상승한 상태로, 명확한 W형 회복 패턴을 나타내고 있다. 이는 고가주택 시장이 일반 시장에 비해 빠르게 회복하고 있으며, 프리미엄 자산에 대한 수요가 여전히 견고함을 뜻한다.

2025년 2분기 기준 전국 아파트 평균 매매가격은 5억 5,160만 원, 서울은 12억 3,270만 원으로 전국 평균 대비 2.2배 수준이다. 강남구 평균 매매가격은 32억 792만 원으로 전국과 서울 대비 각각 5.8배, 2.6배로 여전히 비싼 가격을 유지 중이다.

특히 서울은 1분기 13억 7,609만 원에서 2분기 12억 3,270만 원으로 하락했는데, 이는 소형 평형 거래가 많았던 영향으로 해석된다. 최근 시장에서 소형 평형에 대한 수요가 늘고 있다는 신호다.

실제 거래가격과 가격지수 간의 괴리는 이와 같은 거래 구조의

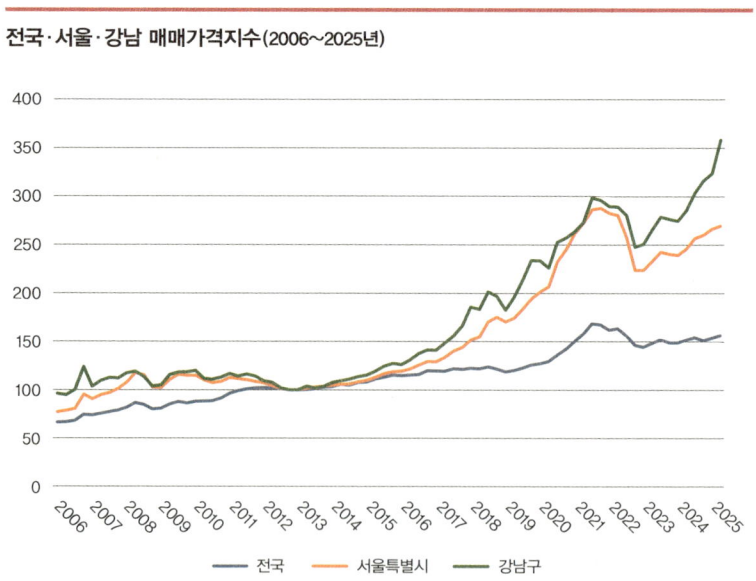

전국·서울·강남 매매가격지수(2006~2025년)

변화에서 기인한 경우가 많다. 특히 최근 전용면적 59㎡(18평) 이하 소형 평형이 '국평(국민 평형, 84㎡)'을 대체하는 새로운 표준으로 자리 잡고 있으며, 이는 자산 방어 성격이 강한 투자 수요층의 선호가 반영된 것으로 보인다.

거래량 트렌드: 서울과 지역 부동산 시장의 확연한 온도 차

서울은 거래량 측면에서도 눈에 띄는 회복세를 보였다. 2024년 4분기 10,502건에서 2025년 1분기 19,300건으로 84% 급등했고, 2분기에는 거래량이 25,388건으로 2024년 4분기 대비 142% 급증해 시장 회복을 주도했다. 전국 평균 거래량은 같은 기간 46% 증가에 그쳤고, 2위인 경기도는 81%, 3위 인천은 51% 증가에 머물렀다.

서울 거래량 증가의 배경에는 2024년 12월 계엄령 사태로 위축됐던 시장 심리가 반등하면서 그간 억눌렸던 거래 수요가 한꺼번에 분출된 측면도 있다. 일반적으로 부동산 시장에서는 연말연초에 거래가 줄어드는 계절성이 있지만, 2024년 4분기의 급감은 예상치 못한 비정상적 사건의 결과로 해석된다.

서울은 과거부터 현재까지 상승기에는 전국 평균 이상으로 거래량이 늘고, 하락기에는 비교적 적게 줄어드는 구조를 보였다. 이러한 비대칭적 거래 패턴은 서울 부동산 시장의 안정성과 회복탄력성을

수도권 거래량

거래시점 \ 지역	전국	서울	경기	인천
2024년 1분기	103,472	9,263	25,656	6,770
2024년 2분기	124,817	17,033	35,203	8,446
2024년 3분기	126,424	18,379	37,108	8,185
2024년 4분기	101,716	10,502	24,045	5,656
2025년 1분기	119,716	19,300	30,989	6,722
2025년 2분기	148,096	25,388	43,483	8,530

뜻하며, 투자자들에게 서울은 일종의 '방어적 선택지'로 작용한다.

2023년 1분기 저점과 비교하면 전국 거래량은 64.7% 증가에 그쳤지만 서울은 255.6% 증가라는 폭발적인 수치를 보였다. 이는 단순한 반등이 아니라 시장에 유입되는 실수요 및 투자 수요 회복을 보여주는 지표다. 매수세가 실제 거래로 이어지는 현상이기 때문에 가격 상승을 뒷받침하는 구조적 기반이라 할 수 있다.

2021년 3분기 고점과 비교해도 이러한 차이는 극명하다. 전국 거래량은 198,836건에서 148,096건으로 25.5% 감소한 반면 서울은 11,749건에서 25,388건으로 오히려 116.1% 증가했다. 전체 거래량에서 서울이 차지하는 비중도 5.9%에서 17.1%로 크게 증가하며 서울 주도의 거래 시장 집중 현상이 가속화하고 있다.

전국·서울 매매 거래량(2006~2025년)

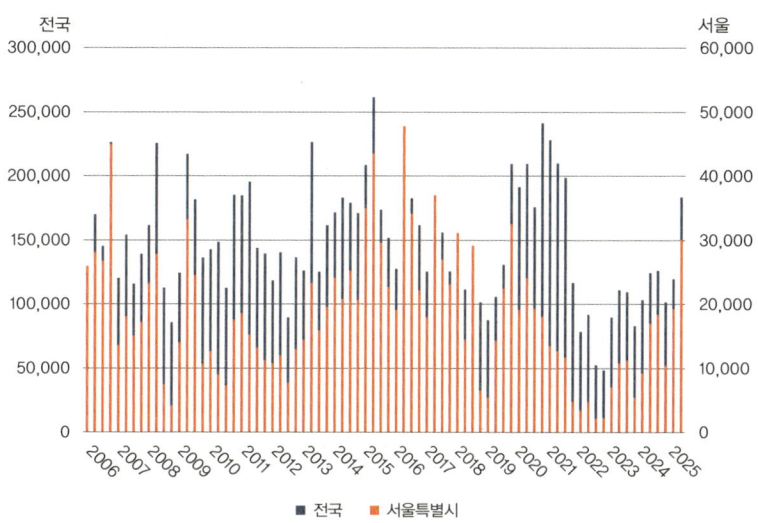

특히 주목해야 하는 부분은 서울시 거래량이다. 서울시 거래량은 2023년 1분기 이후 상승 패턴이 명확하다. 특히 2025년 1분기(19,300건)와 2025년 2분기(25,388건)는 2023년 1분기 이후 가장 많은 수치다. 다만 6·27 대책으로 2025년 3분기 거래량이 감소할 가능성이 있다. 그렇지만 2025년 2분기 거래량이 보여주는 바는 명확하다. 외부 요인(정부의 시장 개입)이 없는 경우, 시장에 참여하는 소비자들의 관점이 명확하게 바뀌었다는 것이다. 이는 정부 정책의 효과가 약해질 거라는 인식이 소비자들에게 전파되는 순간, 시장의 흐름이 한번에 바뀔 수 있음을 뜻한다.

서울 부동산 시장 트렌드:
서울 전역과 수도권 일부 신도시로의 슈퍼사이클 확산

서울 부동산 시장은 2021년 4분기 고점 이후 2023년 1분기 저점을 지나, 2023년 3분기 일시 조정 후 2024년부터 본격 상승 전환 흐름을 보이며 W형 회복 패턴을 형성했다.

이러한 패턴은 과거 여러 차례 반복된 사이클에서 꾸준히 관측된 것으로, 고가지역(강남)에서 시작된 반등이 서울 전역으로 확산하고, 이후 도미노처럼 인근 신도시로 퍼지는 전형적인 슈퍼사이클 전개 방식을 보인다.

특히 강남 시세가 전고점을 넘어서며 시장을 이끄는 선도 역할을 하고, 그 기세가 서울 내 다른 지역과 수도권 일부 신도시의 가격 상승 기대감을 부추기고 있다.

비록 6·27 대책과 9·7 대책 발표로 시장의 기대심리에 변화가 일 수 있으나, 위치상 장점이 있는 서울은 지방과 상황이 다를 수 있다.

빅데이터 분석
2

'신도시' 아파트 매매 시장 동향

신도시별로 회복 속도에 뚜렷한 차이가 나타나는 것인데, 특히 강남에서 멀어진 신도시는 상승률이 상대적으로 낮아 보인다. 이들 신도시의 2010년대 곡선을 보면 가격지수가 평평한 모양을 그리는데, 그와 유사한 상황이 다시 도래한 것으로 보인다.

신도시로는 《부동산 트렌드 2025》에 이어 서울과 인접한 김포시, 남양주시, 파주시, 의정부시, 고양 일산 동·서구, 성남 분당구, 평촌, 용인 수지구 8개 지역을 분석해봤다.

뚜렷해진 분당·수지 중심의 신도시 아파트 시장 회복세

신도시의 전반적인 매매가격지수는 2022년까지 하락세를 보이다가 2023년 1분기부터 정체 또는 상승곡선을 그리고 있다. 이 중 강남구와 인접한 분당이 가장 많이 오른 점을 볼 수 있으며, 용인 수지가 그다음이다. 이 지역들은 2022년까지 가격 하락을 경험한 후 2023년 정체기를 거쳐 차츰 상승장으로 돌입했다. 매매지수의 누적상승률로는 2022년까지 이어진 하락 이후 분당의 회복이 가장 가파르다는 사실을 확인했다.

좀 더 자세히 보면 분당은 2023년 1분기 바닥 대비 23.1% 상승하며 2021년 4분기 고점을 0.8% 넘어섰다. W형 회복 패턴이 완성된 것이다. 수지는 같은 기간 18.4% 상승하며 고점 대비 -9.4% 수준까지 회복했다.

8개 신도시 중 바닥 대비 상승률을 보면 분당(23.1%), 수지(18.4%)가 선두를 달리고 있다. 평촌(12.3%), 김포(8.3%)가 중간 수준의 회복세를 보이는 반면 남양주(4.8%), 의정부(3.9%), 일산(2.0%), 파주

(1.9%)는 상대적으로 회복이 더딘 상황이다. 신도시별로 회복 속도에 뚜렷한 차이가 나타나는 것인데, 특히 강남에서 멀어진 신도시는 상승률이 상대적으로 낮아 보인다. 이들 신도시의 2010년대 곡선을 보면 가격지수가 평평한 모양을 그리는데, 그와 유사한 상황이 다시 도래한 것으로 보인다.

고점 대비 가격 회복 정도 역시 분당(0.8%)과 수지(-9.4%)가 빠른 회복세를 보여준다. 반면 의정부(-25.9%), 일산(-22.3%), 남양주(-22.2%) 등 나머지 6개 신도시는 여전히 고점 대비 20% 이상 하락한 상태다. 이러한 양극화 현상은 당분간 지속될 것으로 전망된다.

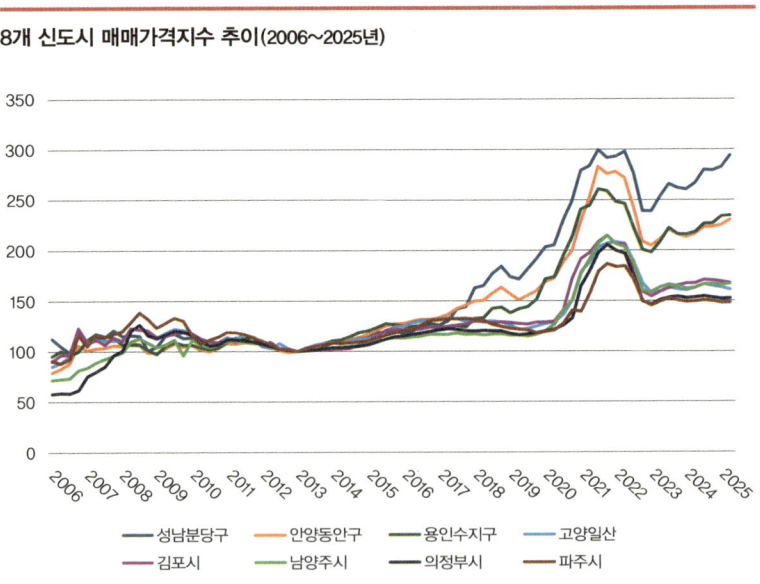

8개 신도시 매매가격지수 추이(2006~2025년)

한편 신도시 중 강남 접근성이 좋은 지역에서는 상승이, 그 외 지역은 정체(혹은 아주 완만한 상승)가 예상된다. 다음 가격지수 증감률 자료에서도 그 추세를 확인할 수 있다. 강남에서 가까운 분당을 필두로 평촌, 수지는 2024년 이후 가격지수가 꾸준히 3~6%p씩 증가하는 모습이다. 반면 김포, 남양주, 의정부, 파주, 일산을 보면 김포가 2024년에 5%p가량 반짝 상승했던 움직임을 제외하면 모두 -1%~2%p 수준의 보합 또는 하락세를 보인다.

이런 현상에는 이른바 '슈퍼스타 경제학'이 적용될 수 있다. 슈퍼스타 경제학이란 (상대적) 고가지역 가격은 가파르게 상승하는 반면, 그렇지 않은 지역은 정체 혹은 완만한 상승을 보이며 시장 양극화가 일어나는 현상을 일컫는다. 이제 지역별로 구분해 구체적인 가격 흐름을 살펴보자.

분당·일산: 극명한 가격과 거래량 차이

분당과 일산은 1기 신도시 중에서도 가격과 거래량 흐름이 극명하게 대비되는 대표 사례다. 두 지역 모두 수도권 대표 신도시로 출발했지만, 최근 시장이 회복되는 양상은 완전히 다른 모습이다. 이는 같은 1기 신도시라도 지역별 특성과 수요층에 따라 회복 속도가 달라질 수 있음을 시사한다. 좀 더 구체적으로는 앞서 언급한 대로 강남 접근성에 따라 가격이 분화된다.

 분당은 바닥 대비 23.1% 가격 상승으로 오히려 고점을 넘어서며 완전한 회복 단계에 접어들었다. 거래량 역시 가격이 바닥이었던 2023년 1분기 673건에서 2025년 1분기 1,408건, 2분기 3,089건으로 대폭 늘어났다. 그래프에서 나타난 것처럼 거래량은 꾸준한 증가 추세로 상승 모멘텀을 뚜렷하게 보여준다. 가격과 거래량이 동반 상승하는 전형적인 강세장 패턴을 보여주고 있어 향후 추가 상승 가능성이 높은 상황이다.

 반면 일산은 바닥 대비 2.0% 상승에 그치며 고점 대비 여전히

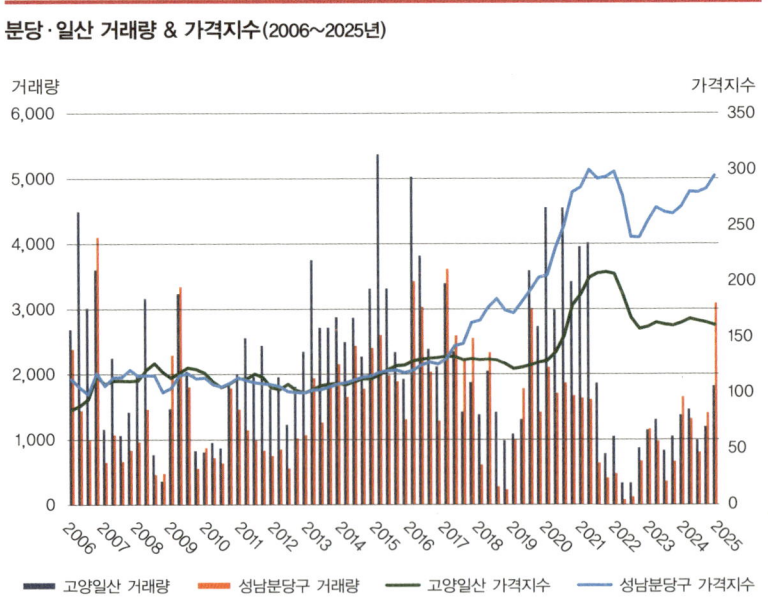

분당·일산 거래량 & 가격지수 (2006~2025년)

-22.3% 하락한 상태를 유지하고 있다. 2년 전부터 시작된 서울 아파트 상승세의 온기가 일산까지는 충분히 전달되지 않는 모습이다. 거래량은 2023년 1분기 991건에서 2025년 1분기 1,195건, 2분기 1,815건으로 증가세를 보이지만 가격이 고점이었던 2021년 4분기 거래량 1,864건에 비해서는 아직 부족하다. 본격적인 시장 회복을 위해서는 거래량 추가 확대가 필수적인 상황이다.

평촌·수지: 유사한 회복 패턴

평촌과 수지는 유사한 인접 지역 특성이 있지만 최근 시장 회복 과정에서는 약간 다른 양상을 보인다. 가격이 바닥에서 회복하는 시점의 가격상승률은 수지(18.4%)가 평촌(12.3%)을 앞서는 반면, 거래량 증가 폭은 평촌(354.4%)이 수지(237.7%)를 넘어선 것이 특징이다.

평촌은 바닥 대비 12.3% 가격 상승으로 고점과 -16.7% 격차를 유지하고 있지만 거래량에서는 증가세를 나타낸다. 2023년 1분기 거래량 526건에서 2025년 1분기 1,192건, 2분기 2,390건으로 대폭 증가했다.

수지는 바닥 대비 18.4%라는 높은 가격상승률을 기록하며 고점과의 격차를 -9.4%까지 좁혔다. 거래량은 2023년 1분기 881건에서 2025년 1분기 1,645건, 2분기 2,975건으로 크게 증가했다.

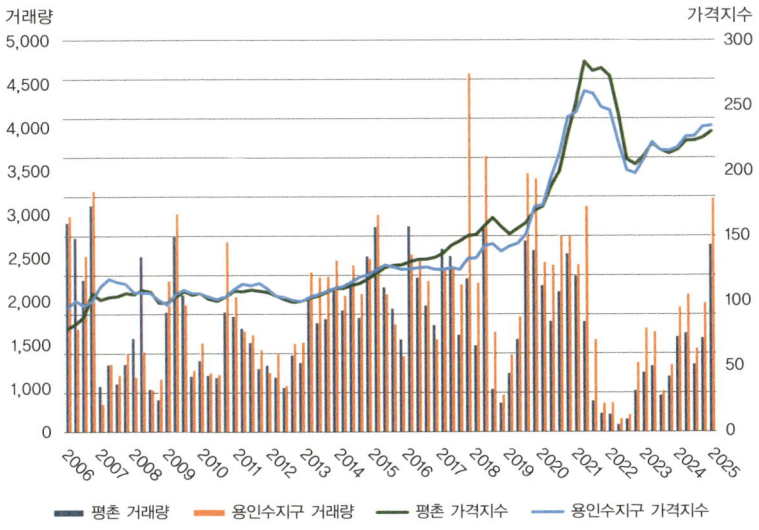

평촌·수지 거래량 & 가격지수(2006~2025년)

두 지역의 거래량 모두 그래프에 나타난 것처럼 꾸준한 증가 추세다. 이는 평촌과 수지 양쪽 시장에서 활발한 매매 참여가 이뤄지고 있음을 보여준다.

김포·남양주: 여전한 혼조세

김포와 남양주는 2기 신도시로서 비슷한 위치지만 현재 시장 회복 과정에서 나타나는 패턴은 다르다. 가격상승률은 김포가 남양주를 앞서고 있으나, 거래량 회복세는 남양주가 김포를 크게 상회한다. 이러한 차이는 향후 두 지역의 회복 속도에 영향을 미칠 것으로 보인다.

김포는 2023년 1분기 바닥 대비 8.3% 가격 상승을 기록했지만 고점과는 여전히 -21.9% 격차를 보이며 본격적인 회복 단계에 진입하지 못한 상황이다. 거래량 역시 2023년 1분기 바닥 시기 거래량 1,005건에서 2025년 1분기 1,025건, 2분기 1,661건으로 소폭 증가에 그쳤다. 가격이 고점이었던 2021년 4분기 거래량 1,568건과 유사한 상황이다. 가격과 거래량 모두 미온적인 회복세를 나타

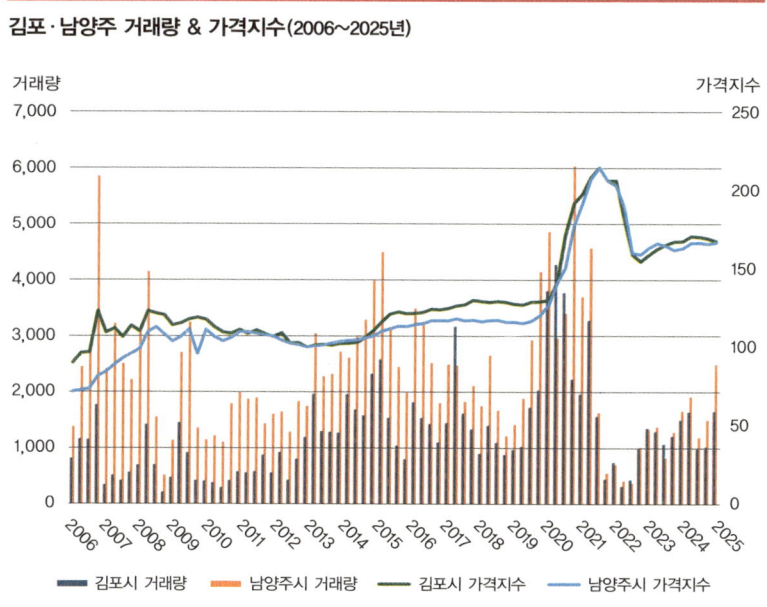

김포·남양주 거래량 & 가격지수(2006~2025년)

내므로 본격적인 상승까지 상당한 시간이 소요될 것으로 전망된다.

남양주 역시 2023년 1분기 바닥 대비 4.8% 가격 상승으로 김포보다 낮지만, 거래량에서는 뚜렷한 회복 신호를 보내고 있다. 2023년 1분기 바닥 시기 거래량은 1,027건이었으나 2025년 1분기 거래량은 1,511건, 2분기 2,502건으로 증가 추세다. 이러한 거래량 선행 회복은 향후 남양주의 가격 상승이 김포보다 빠를 가능성이 크다는 점을 시사한다.

의정부·파주: 정체의 지속

의정부와 파주는 8개 신도시 중 서울 아파트 상승세의 온기가 가장 늦게 전달되고 있는 지역이다. 두 곳 모두 바닥 대비 미미한 가격 상승과 고점 대비 20% 이상의 큰 격차를 보이며 본격적인 회복 단계에 진입하지 못한 상황이다. 다만 바닥 시기 대비 거래량이 증가한 점은 향후 회복에 긍정적인 신호로 해석된다.

의정부는 바닥 대비 3.9% 가격 상승에 그쳐 고점 대비 -25.9%라는 상당한 격차를 유지하고 있다. 거래량은 2023년 1분기 거래량 785건에서 2025년 1분기 1,075건, 2분기 1,739건으로 늘어났다. 가격 회복이 더딘 가운데 거래량만 소폭 늘어나는 패턴으로, 본격적인 상승까지는 다소 시간이 필요할 것으로 보인다.

의정부·파주 거래량 & 가격지수(2006~2025년)

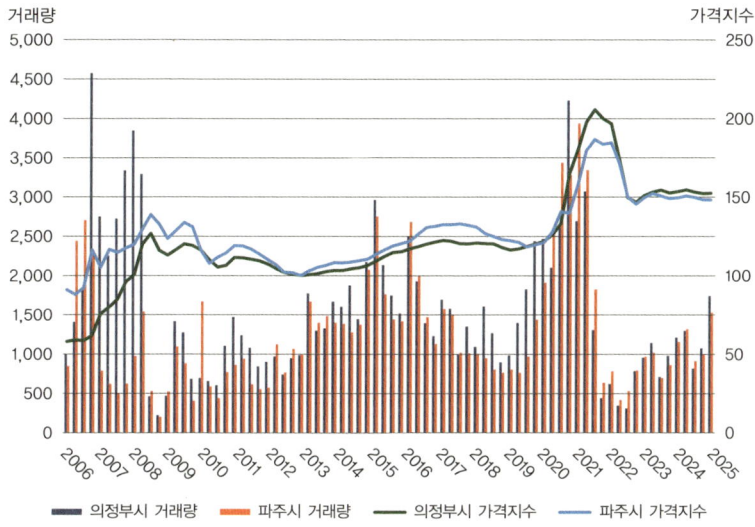

파주는 8개 신도시 중 가장 부진한 회복세를 나타낸다. 바닥 대비 1.9% 가격 상승으로 고점과는 -20.6% 격차다. 거래량은 2023년 1분기 791건에서 2025년 1분기 995건, 2분기 1,525건으로 증가했으나 2021년 4분기 고점 당시 거래량 1,820건 대비 감소한 상태로, 의정부보다도 회복 속도가 더딘 모습이다.

신도시 부동산 매매 시장 인사이트

1. 분당·판교를 중심으로 신도시 부동산 시장은 회복세를 보여주고 있다.
2. 신도시마다 가격 회복력이 확연히 다르다. 강남에서 가까운 지역의 가격 회복력이 크다. 반대로 강남에서 먼 지역은 상대적으로 정체 혹은 완만한 상승이 예상된다.
3. 전반적인 거래량은 모든 지역에서 2022년 최저점 대비 상승 트렌드가 나타난다.

빅데이터 분석
3

'서울' 아파트 매매 시장 동향

서울 아파트 시장은 2022년 4분기 바닥 이후 20.1% 상승하며 본격적인 회복세를 보인다. 하지만 지역별로는 뚜렷한 차이가 나타나 강남3구와 노도성의 차별적 움직임이 포착됐다. 이는 서울 내에서도 프리미엄 지역과 일반 지역의 회복 속도에 차이가 있음을 뜻한다.

이 장에서는 서울시 25개 자치구 중 주요한 아파트 시장인 강남3구와 노도성을 중심으로 분석했다. 강남3구, 즉 강남구·서초구·송파구는 고가 아파트가 위치한 고급 주거 지역인 반면 노원구·도봉구·성북구로 이뤄진 노도성은 중저가 아파트가 다수 밀집한 지역이다. 2025년 5월 기준 서울시에는 아파트가 약 170만 세대 있는데, 노원구가 가장 많은 약 16만 세대로 서울시 전체에서 10%에 달한다. 강남구는 약 13만 세대로 서울시 전체에서 약 8%다.

강남3구와 노도성의 차별적 움직임

서울 아파트 시장은 2022년 4분기 바닥 이후 20.1% 상승하며 본격적인 회복세를 보인다. 하지만 지역별로는 뚜렷한 차이가 나타나 강남3구와 노도성의 차별적 움직임이 포착됐다. 이는 서울 내에서도 프리미엄 지역과 일반 지역의 회복 속도에 차이가 있음을 뜻한다.

강남3구는 바닥 대비 37.1%라는 가파른 상승률을 기록하며 서울 아파트 시장 회복을 주도했다. 특히 2021년 4분기 고점을 14.4% 넘어서며 전고점을 경신하는 W형 회복 패턴을 완성했다. 이는 강남3구가 단순한 회복을 넘어 새로운 상승 사이클에 진입했음을 보여주는 강력한 신호다.

반면 노도성은 바닥 대비 6.2% 상승에 그쳐 서울 평균을 크게 하회한다. 고점 대비로도 여전히 18.6% 낮은 상태로, 본격적인 회복 단계에 진입하지 못한 모습이다. 강남3구와 무려 30.9%p에 달하는 상승률 격차를 보이며 서울 내 지역별 불균형이 심각한 수준에 도달했음을 단적으로 보여준다.

다만 서울시 아파트 시장은 2010년대 중후반, 강남이 먼저 급등한 후 시차를 두고 강북이 따라가는 경향을 보여왔다. 즉 오랜 기간을 두고 누적상승률을 보면 강남과 강북에 큰 차이가 없었다. 따라서 상승장 초기에 일부 지역 간에 불균형한 상승률이 나타나더라도, 강남이 상승한 이후 강북에서도 빠른 상승세가 나타날 가능성을 도외시해서는 안 된다.

거래량 면에서는 서울 전체가 증가세를 나타내고 있어, 본질적으로 시장을 바라보는 수요자의 관점이 매우 긍정적임을 알 수 있다. 서울 전체 거래량은 2023년 1분기 바닥 시기 대비 2025년 2분기에 322.0% 급증했다. 또 강남3구(108.7%)와 노도성(274.3%) 모두 상당한 증가 폭을 기록했다. 2021년 4분기 고점 시기와 비교해도 2025년 2분기 서울 전체 거래량은 518%, 강남3구는 266%, 노도성은 531% 증가하며 시장 참여도가 큰 폭으로 증가한 상황이다.

한편 최근 두 지역에서는 유의미한 거래량 변화가 나타났다. 2025년 2분기 강남3구 거래량은 2,934건으로 1분기 4,426건 대비 33.7% 감소했다. 반면 노도성에서는 2025년 2분기에 4,533건이 거래됐고, 이는 직전 분기 2,364건 대비 91.8% 증가한 수치다. 서울

강남3구·노도성 거래량 & 가격지수(2006~2025년)

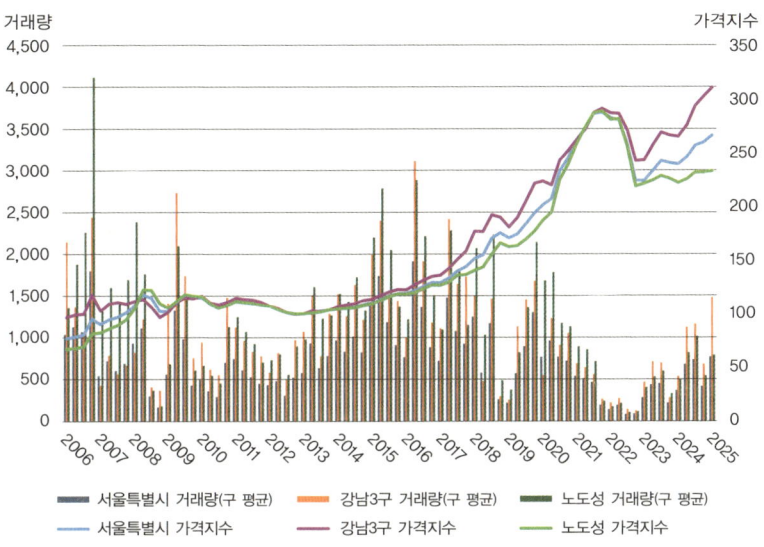

분기별 거래량

거래 시점 \ 지역	서울시	강남3구	노도성
2024년 2분기	17,033	3,373	2,456
2024년 3분기	18,379	3,474	3,043
2024년 4분기	10,502	2,048	1,628
2025년 1분기	19,300	4,426	2,364
2025년 2분기	30,129	2,934	4,533

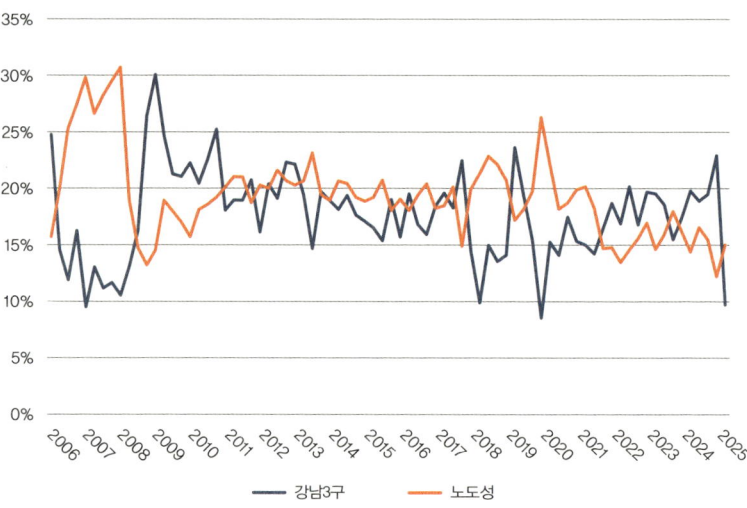

강남3구·노도성 매매 거래량 비중(2006~2025년)

시 전체로 보면 2025년 2분기 30,129건으로 직전 분기 대비 56.1% 늘어났다. 노도성과 강남3구의 거래량 변화가 노도성의 약진으로 이어질지 지켜봐야 한다.

강남3구 거래가격 사상 최고치 경신

서울 아파트 평균 거래가격은 12억 414만 원을 기록하며 높은 수준을 유지하고 있다. 지역별로는 노도성이 6억 7,246만 원, 강남3

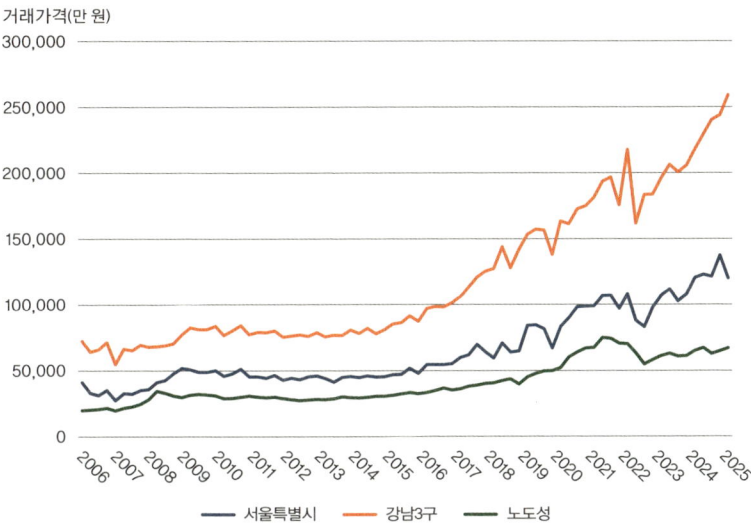

서울·강남3구·노도성 평균 거래가격(2006~2025년)

구가 25억 9,439만 원으로 무려 3.8배의 격차를 보인다. 특히 강남3구는 사상 최고치를 연일 경신하며 초고가 시장의 면모를 확실히 증명하고 있다.

2025년 2분기, 강남3구를 넘어선 노도성 거래량

2019년 4분기부터 2021년 3분기까지는 노도성의 거래 비중이 강남3구를 넘어서며 활발한 매매가 이뤄졌다. 하지만 2021년 4분기 이후 현재까지는 2023년 4분기와 2025년 2분기 두 번을 제외하고 강남3구 거래량이 노도성을 지속적으로 상회하고 있다. 이는 고가주택 시장인 강남3구가 시장을 선도하는 모습을 보여준 것이다.

다만 2025년 2분기 노도성 거래량이 1분기에 비해 급증한 점, 그리고 강남3구 거래량보다 월등히 많은 거래량이 노도성 지역에서 나온 점은 과거의 패턴(고가주택 가격 상승 후 시차를 두고 저가주택 가격 상승)이 나타나는 것으로 보인다.

지난 2024년 1분기~2025년 1분기까지 5개 분기 동안 거래량이 많았던 자치구 순위를 살펴보면 2024년에는 노원구가 늘 TOP 3에 포함되었다. 그러나 2025년 들어 처음으로 5위까지 밀려났다. TOP 3는 송파구-강남구-강동구 순서다. 이 결과가 이례적인 이유는 앞서 언급한 바와 같이 노원구 아파트 수가 가장 많기 때문이다. 서울시 아파트 중 10%가 노원구에 있으며, 이에 따라 노원구 거래량이 순위에서 상위권을 기록하는 것이 자연스럽다. 실제로 거래 데이터가 기록되기 시작한 2006년부터 2022년까지 매년 노원구가 서울시 거래량 1위를 차지했고, 2023년과 2024년은 송파구가 1위, 노원구가 2위였다.

다만 2025년 1분기까지는 강남3구 거래량이 노도성보다 많았으나 2025년 2분기에는 노도성 거래량이 압도적으로 증가하는 양상을 보인다. 노도성이 서울에서 상대적으로 낮은 가격대를 형성하고 있는 만큼 6·27 대책 이후의 관망세가 언제 시장으로 유입될지가 회복의 관건이다.

빅데이터 분석

4

서울 아파트 시장 상승 도미노 예측

- 4개 권역별 매매·전세 시장 심층 분석

용산구 한남동, 이촌동과 마포구, 그리고 영등포구 여의도동 등이 W형으로 이전 고점을 돌파했다. 이들 지역은 강남3구 대비 합리적인 가격대를 유지하면서도 교통 접근성이 뛰어나고 개발 호재가 있어, 이주 수요가 풍부하다고 볼 수 있다.

확연히 벌어지는 권역별 회복 속도

서울 아파트 매매 시장은 2022년 하반기부터 시작된 조정기를 거쳐 2023년 중반부터 본격적인 회복세에 접어들었다. 하지만 이러한 회복이 서울 전체에 균등하게 나타나는 것은 아니다. 서울 매매가격의 지역 간 동조화 현상을 면밀하게 분석하기 위해 25개 자치구를 4개 권역으로 분류한 결과, 권역별로 뚜렷한 회복 격차와 차별화된 패턴이 나타나고 있음을 볼 수 있었다.

서울 4개 권역별 상승률

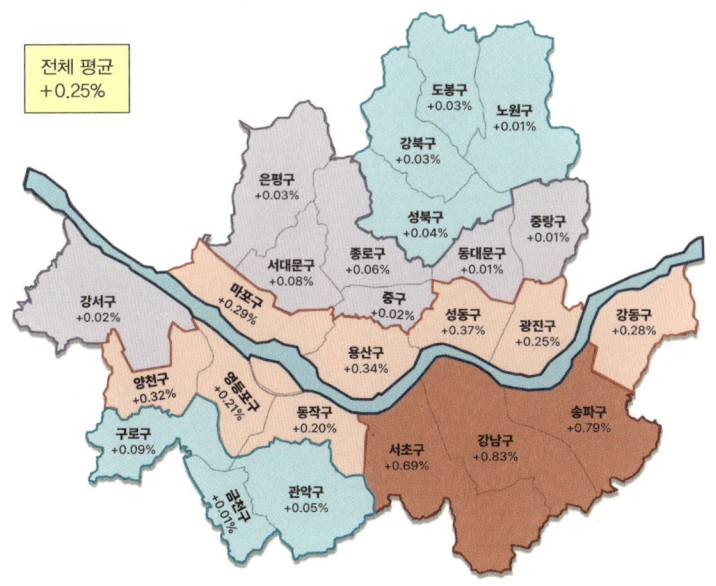

① 권역별 분류 기준

- 1권역: 강남3구(강남구, 서초구, 송파구) - 전통적 프리미엄 지역
- 2권역: 한강변 지역(용산구·마포구·성동구·강동구·광진구·동작구·양천구·영등포구) - 준강남권과 교통 접근성 우수
- 3권역: 서대문구·중구·종로구·은평구·동대문구·강서구·중랑구 - 생활 인프라 우수
- 4권역: 노도성(노원구·도봉구·성북구)·금관구(금천구·관악구·구로구)·강북구 - 상대적 저가지역

② W형 회복 패턴의 완성과 돌파

현재 서울 아파트 매매 시장에서 가장 주목할 만한 현상은 1권역과 2권역에서 나타나는 W형 회복 패턴의 완성이다. 이들 지역은 2022년 하반기에 첫 번째 바닥을 형성한 후, 2023년 초중반 반등을 시도했으나 정책 불확실성과 금리 인상 우려로 재차 하락했다. 그러나 2023년 하반기부터 본격적인 2차 상승이 시작되면서 전형적인 W형으로 우측 날개를 그리며 이전 고점을 돌파하는 단계에 진입했다.

③ 1권역_강남3구의 선도적 역할

강남3구는 가장 먼저 W형 회복을 완성하며 2021년 전고점을 경신하는 선도적 역할을 담당하고 있다. 특히 강남구 압구정동, 청담

동과 서초구 반포동, 송파구 잠실동 등 대표적인 프리미엄 단지들이 연이어 신고가를 경신하며 시장 전체의 상승 분위기를 주도했다. 이러한 현상은 단순한 가격 회복을 넘어 시장 참여자들의 심리적 기대감을 크게 향상시키는 촉매 역할을 했다.

④ 2권역_한강변 지역의 확산 효과

1권역의 상승 흐름은 곧바로 2권역인 한강변 지역들로 확산되고 있다. 용산구 한남동, 이촌동과 마포구, 그리고 영등포구 여의도동 등이 W형으로 이전 고점을 돌파했다. 이들 지역은 강남3구 대비 합리적인 가격대를 유지하면서도 교통 접근성이 뛰어나고 개발 호재가 있어 이주 수요가 풍부하다고 볼 수 있다.

⑤ 3권역_완만한 상승세

서대문구·중구·종로구·동대문구 등 3권역 지역들은 완만하지만 지속적인 상승세를 유지하고 있다. 특히 이들 지역은 합리적인 가격대와 높은 도심 접근성을 바탕으로 실수요자들에게 꾸준한 관심을 받고 있다. 명확하게 하락이 멈추고 상승세로 진입한 것으로 보이나, 6·27 대책 이후 관망세가 얼마나 지속될지가 관건이다.

⑥ 4권역_초기 회복 단계

노도성과 금관구 등 4권역은 회복을 시도하는 초기 단계에 머물러 있다. 이들 지역은 서울 내에서도 상대적으로 낮은 가격대를 형성하고 있는 만큼 6·27 대책의 무풍지대나 다름없다. 관건은 어느 시점에 수요자들이 시장에 참여하느냐다.

권역별 회복 속도 차이는 다양한 요인에 기인한다. 특히 이 현상은 유동성 접근이 상대적으로 쉬운 고소득층 수요자들이 트로피 자산 성격을 가진 프리미엄 매물에 집중 투자한 결과로 보인다.

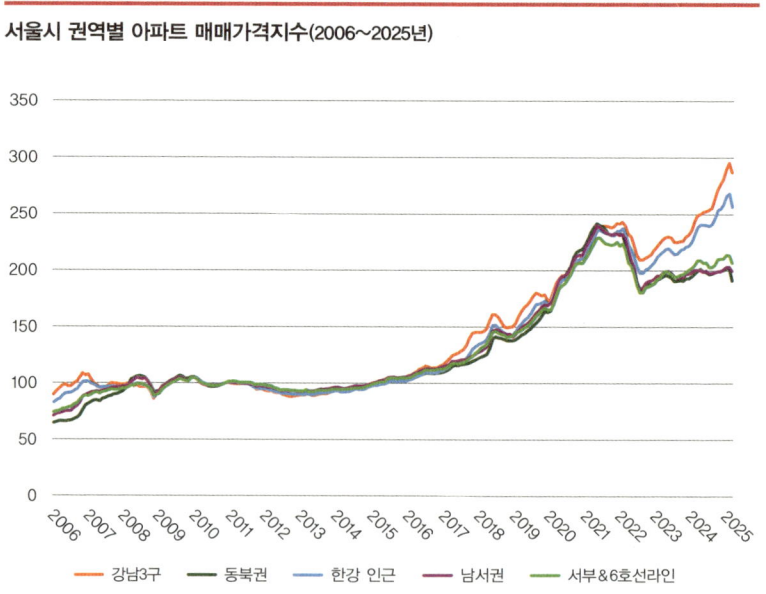

서울시 권역별 아파트 매매가격지수(2006~2025년)

빅데이터 분석
5

서울 교육지역 분석
- 목동 VS 여의도, 최고의 선택지는?

결국 중요한 점은 어느 곳이 더 좋은가가 아니라 우리 아이와 가정에 어느 곳이 더 적합한가다. 학생이 경쟁 상황에서 동기부여가 되는지, 자기 주도적 학습이 가능한지, 스트레스 관리 능력은 어떤지, 사회성과 인성 발달은 어떤 환경에서 더 좋을지 면밀하게 살펴봐야 한다.

대한민국 학부모의 가장 큰 고민은 자녀교육을 위한 거주지 선택이다. 특히 목동과 여의도는 서로 성격이 다른 교육환경을 제공해 선택을 더욱 어렵게 만든다. 목동은 '사교육 2번지'라고 불리며 대치동에 이어 전국에서 두 번째로 높은 명문대 진학률을 자랑하는 교육 메카다. 여의도는 상대적으로 규모가 작은 교육 인프라를 가지고 있지만 질적인 면에서는 절대 뒤지지 않는 교육환경을 형성한다.

목동: 체계적 교육 시스템의 완성체

목동은 1988년 올림픽을 계기로 개발이 시작된 신도시다. 이때 안양천 범람으로 상습 침수되던 지역에서 서울 서부 최고의 교육 메카로 탈바꿈했다. 이곳의 가장 큰 특징은 압도적인 교육 인프라다. 신시가지 아파트를 중심으로 3대 학원가가 형성돼 있는데, 그 규모는 처음 방문하는 사람들을 놀라게 할 정도다.

앞단지라 불리는 목동 1~7단지는 전문직과 여의도 직장인들이 주로 거주하는 곳으로, 파리공원을 중심으로 152개에 달하는 학원이 밀집해 있다. 이곳은 월촌중, 신목중, 양정중 등 우수한 중학교들이 위치해 학부모 선호도가 가장 높은 지역이다. 뒷단지인 8~14단지는 구청과 남부지법 관련 엘리트, 사업가들이 거주하는 곳이다.

뒷단지에는 센트럴프라자를 중심으로 학원이 96개 있다. 상대적으로 저렴한 전세가 덕에 거주 비용을 절약하면서도 동일한 교육 혜택을 누릴 수 있다는 것이 장점이다.

규모가 가장 큰 곳은 오목교역 부근 학원가로, 183개에 달하는 학원이 밀집했다. 이곳은 목운중, 목동중 등 상위권 중학교와 함께 교통과 편의시설이 최적으로 조합된 곳이다. 종합하자면 목동에는 431개의 학원이 주요 지역 3곳에 분산돼 학생들의 접근성과 효율성을 최대한 높이고 있다.

목동 교육 인프라 현황

- 앞단지 학원가: 152개 학원(파리공원 중심)
- 뒷단지 학원가: 96개 학원(센트럴프라자 중심)
- 오목교역 학원가: 183개 학원(최대 규모)
- 총 431개 학원이 3개 권역에 분산 배치

목동 사교육은 형태의 다양성에서도 타 지역을 압도한다. 하이스트, 씨앤씨 등 목동을 기반으로 성장한 대형 종합학원부터 과목별 전문학원, 오피스텔 기반 그룹과외, 개인지도까지 모든 사교육 유형을 갖췄다. 이에 따라 학생 개개인의 특성과 가정의 교육관에 적합

목동 앞단지 학원가

출처_아실, 네이버 지도

목동 뒷단지 학원가

출처_아실, 네이버 지도

목동 오목교역 학원가

출처_아실, 네이버 지도

한 맞춤형 선택이 가능하지만, 동시에 교육관이 명확하지 않은 가정에서는 이것저것 따라가다 길을 잃을 위험성도 있다.

한편 목동의 진정한 강점은 중학교 학군에 있다. 영재학교, 과학고, 서울권 4대 외고, 전국 선발 자사고 진학생을 대치동 다음으로 많이 배출한다. 또한 양천구와 강서구뿐만 아니라 인근 우수 중학교 자원을 흡수하고 있다. 고등학교 역시 명덕외고, 강서고, 양정고, 명덕고, 목동고, 진명여고, 한가람고 등 전국 100위권 일반고가 9개나 있어 다양한 선택지를 제공한다.

하지만 목동의 교육환경에는 그림자도 있다. 사교육 강도가 다른 지역보다 월등히 강해 초등학교 때부터 새벽 1~2시까지 공부해야 할 정도로 많은 숙제를 내주고 학생끼리 치열하게 경쟁시킨다. 또한 목동은 강남과 달리 교통이 원활하지 못해 외부인이 왕래하기 불편하다. 상업지역도 필수 소비재 위주로 발달해 유흥산업이나 상권이 발전할 수 없는 구조다.

여의도: 소수정예 교육의 숨겨진 보석

많은 사람이 알고 있듯이 여의도는 목동에 비해 교육 인프라가 상당히 부족하다. 하지만 이는 단순히 세대수와 구성 차이에서 비롯된 것으로, 질적인 면에서는 전혀 뒤지지 않는 독특한 교육환경을 형성한다. 여의도 재건축 아파트의 실소유주들은 고령자 비율이 높아 상대적으로 학령기 아이들과 세대수가 적어 자연스럽게 학교와 학원도 적을 수밖에 없는 구조다.

여의도의 학원 인프라는 한양아파트 앞 홍우빌딩이 유일한 집중형 학원가고, 그 외에는 산재하는 수준이다. 하지만 여의도 교육환경에는 다른 지역에서 찾아보기 어려운 특별한 장점들이 있다는 평가를 받는다. 학업에 관심 없는 학생이 적고, 강남 자사고들처럼 살벌한 분위기에서 숨을 못 쉬게 하는 환경도 아니라는 후문이다.

여의도 학원가   출처_네이버 지도

여의도 교육환경의 차별성

- 인성 좋은 학생들과 건전한 면학 분위기
- 교사들이 가장 선호하는 근무 지역
- 과학중점학교(여의도고)의 차별화된 교육과정
- 소수정예 전략을 통한 개별 맞춤 교육 가능

여의도는 접근성 면에서도 의외의 강점이 있다. 여의도 자체에는 수능 대비 학원이 부족하지만 목동, 반포, 대치동 등 우수한 학원가에 충분히 오갈 수 있는 거리라는 점이다. 특히 목동까지는 지하철

5호선으로 15분 거리에 불과하며, 앞단지는 9호선을 타거나 자전거로도 이동할 수 있다. 하지만 혼자서도 열심히 공부하는 능력이 중요한 최상위권 학생들에게 학원이 얼마나 가까운지는 큰 변수가 되지 않는다.

여의도는 교사들이 가장 선호하는 지역 중 하나이기도 하다. 위치가 좋고 학부모들도 매너 있으며, 지나치게 성적만을 강조하는 분위기가 아니라서 우수한 교사들이 근무를 희망하는 곳이라고 한다. 이는 학교 교육의 질적 향상으로 이어진다. 또한 과학중점학교인 여의도고에서는 물리, 화학, 생물, 지구과학을 모두 이수할 수 있어 생활기록부 작성에 유리하며, 이공계 진학을 희망하는 학생들에게 큰 장점이다.

여의도의 또 다른 특징은 자금력을 바탕으로 하는 소수정예 교육이다. 유치원부터 고급 사립학교까지 진학 트리를 구축해 우수한 소수정예 인재를 배출하며, 양보다는 질적 성과를 중시하는 교육환경을 만들어낸다.

목동 VS 여의도, 어떤 기준으로 선택할 것인가

목동과 여의도는 마치 '1등 양성소'와 '아틀리에'처럼 확연히 다른 철학과 시스템을 가지고 있다. 목동이 체계적이고 규모 있는 사교육 시스템으로 확실한 결과를 추구한다면, 여의도는 개별 맞춤형 환경을 통해 학생의 개성과 자기 주도성을 키우는 데 중점을 둔다.

목동을 선택해야 하는 가정은 체계적인 사교육 시스템을 원하고 명확한 입시 결과를 중시하며, 치열한 경쟁 환경에서 원동력을 얻는 학생을 둔 경우다. 또한 다양한 교육 선택지를 원하고 확실한 교육관과 방향성을 가진 가정에 적합하다. 하지만 과도한 학습 부담에 따른 스트레스 관리가 필요하고 큰 경제적 부담을 각오해야 하며, 아이의 성향과 적성 또한 충분히 고려해야 한다.

반면 여의도는 균형 잡힌 교육환경을 원하고 자기 주도적인 학습 능력을 중시하며, 인성교육을 더 중요하게 생각하는 가정에 적합하다. 과도한 경쟁보다는 개성 발달을 원하고 소수정예 교육의 장점을 활용하고 싶은 경우에 좋은 선택지다. 다만 부족한 교육 인프라는 능동적으로 해결해야 하고, 타 지역 학원 이용에 따른 이동 시간이 필요하며, 자기 주도 학습 능력이 부족한 학생에게는 부적합할 수 있다.

학군지 선택의 핵심 기준

- 학생의 성향: 경쟁형 VS 자기 주도형
- 가정의 교육관: 결과 중심 VS 과정 중심

- 교육 방식: 시스템 활용 VS 개별 맞춤
- 경제적 여건: 고강도 사교육 VS 선택적 투자

결국 중요한 점은 어느 곳이 더 좋은가가 아니라 우리 아이와 가정에 어느 곳이 더 적합한가다. 학생이 경쟁 상황에서 동기부여가 되는지, 자기 주도적 학습이 가능한지, 스트레스 관리 능력은 어떤지, 사회성과 인성 발달은 어떤 환경에서 더 좋을지 면밀하게 살펴봐야 한다. 또한 가정의 교육관이 결과 중심인지 과정 중심인지, 경쟁을 중시하는지 개성을 중시하는지, 철저한 시스템과 자기 주도 학습 중 어느 쪽을 선호하는지, 단기 성과를 원하는지 장기 발달을 원하는지도 명확히 해야 한다.

무엇보다 중요한 것은 자녀교육에는 정답이 없다는 사실이다. 각 가정과 아이에게 맞는 최선의 선택이 있을 뿐이며, 선택한 환경에서 어떻게 교육하느냐가 결과를 좌우한다. 목동의 체계적 시스템이든 여의도의 개별 맞춤형 환경이든, 그 특성을 제대로 이해하고 활용할 때 비로소 우리 아이에게 맞는 최고의 교육환경을 만들게 될 것이다.

서울시 빌라 시장 정밀 분석
1

서울시 빌라 시장 주요 동향

매매 수요자들은 빌라의 자산가치 하락은 물론 전세사기로 인해 세입자 확보가 어려워질 것을 예상하며 빌라 투자를 기피했다. 그 결과 빌라 매매 거래는 급감했고 전세보다는 실거주 목적의 월세나 반전세 임대 거래가 상대적으로 활발해졌다.

왜 빌라 시장을 주목해야 하는가

다음 두 질문에 정답을 제시하는 독자는 서울시 빌라 시장(혹은 주택 시장)에 일가견이 있다고 볼 수 있다.

"서울시에서 가장 많은 주택 유형은 아파트일까?"
"서울시 전체 가구 중 아파트에 거주하는 비중이 가장 클까?"

첫 번째 질문은 주택 수에 관한 질문이고, 두 번째 질문은 가구 수에 관한 질문이다. 주택 유형은 크게 아파트와 비아파트(단독·다가구주택, 연립·다세대주택, 오피스텔 등)로 나뉜다. 서울시를 볼 때 주택 수 측면에서 가장 큰 수치를 기록한 유형은 아파트다. 전체 주택(약 315만 호) 중 아파트는 약 188만 호로 60%를 차지한다. 그리고 비아파트(단독·다가구주택, 연립·다세대주택 등)가 나머지 40%를 차지한다.

그런데 물리적 주택 수가 아니라 실제 가구를 기준으로 주택 유형별 수치를 집계하면 이야기가 달라진다. 단독·다가구주택과 같이 주택 수로는 한 채로 취급되지만 실제로는 여러 세대가 거주하는 경우가 많기 때문이다. 예를 들어서 101호, 102호, 201호, 202호, 301호, 302호 총 6채가 있는 빌라가 다가구주택으로 등록된 경우, 한 건물에 6채가 있고 6가구가 거주함에도 불구하고 1채(1주택)로 취급된다. 따라서 단독·다가구주택 수가 29만 호라 할 때, 여기에

서울시 유형별 주택 수

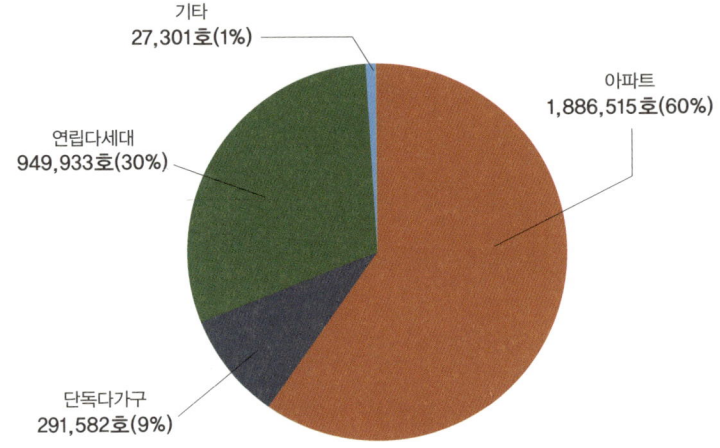

거주하는 가구수는 29만 호보다 더 많다. (108만 9,000가구에 이른다.)

이제 가구수를 기준으로 살펴보자. 서울 전체 429만 가구 중 아파트에 거주하는 가구는 183만 가구로 43%에 해당하는 반면, 비아파트 거주 가구수는 246만 가구(57%)로 아파트를 능가한다. 이런 수치를 확인하면 서울은 아파트 비중이 큰 도시는 맞아도 '아파트 도시'라 칭하기는 애매하다. 오히려 비아파트에 거주하는 사람이 더 많은데, 이들이 거주하는 유형은 단독·다가구와 연립·다세대가 절대 비중을 차지한다. 앞으로 이야기할 '빌라'와 직결되는 유형이다.

서울시 가구의 거주 주택 유형

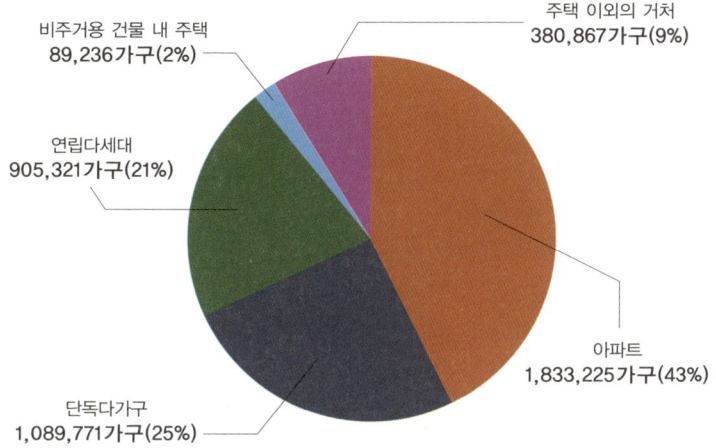

비아파트 주택 중에서 가장 큰 비중을 차지하는 것은 연립·다세대주택으로 서울시 전체 주택 수(약 315만 호)의 30%(약 95만 호)가 이에 해당한다. 가구 기준으로는 서울시 전체(약 429만 가구)의 21%인 약 90만 가구가 연립·다세대주택에 거주하고 있다. 단독·다가구 주택은 비중으로 보면 9%에 불과하나 가구수로는 서울시 전체의 25%인 약 109만 가구가 살고 있다. 오피스텔을 포함한 주택 이외의 거처와 비주거용 건물 내 주택이 나머지 비아파트 주택 유형을 이룬다.

빌라 시장 가격을 분석함에 있어 그 비중이 큰 연립·다세대주택과 단독·다가구주택을 모두 살펴보면 좋겠지만, 단독·다가구주택의 경우 하나의 등기부에 여러 세대가 포함돼 있어 개별 세대의 실제 거래가격 파악이 불가하다는 한계가 있다. 반면 연립·다세대주택은 개별 세대 단위로 등기가 이뤄지기 때문에 시장에서 거래된 가격을 더욱 정확히 파악할 수 있어 분석에 용이하다. 따라서 이 책에서는 서울의 비아파트 시장 중에서도 연립·다세대주택을 중심으로 비아파트 시장, 즉 빌라 시장의 동향과 특징을 살펴보고자 한다.

매매 시장이 급감하는 이유

최근 빌라 시장에서 나타나는 가장 큰 특징은 매매 비중 급감과 임대 비중 증가다. 빌라 시장은 원래 임대 중심 시장이기는 했지만 그 경향이 최근 들어 더욱 강해지고 있다.

서울의 경우 2020년에는 전체 빌라 거래 중 매매가 차지하는 비중이 36%(약 6만 2,000건)에 달했으나, 2024년에는 17%(약 2만 7,000건) 수준으로 급감했다. 반대로 동 기간 임대 비중은 64%(약 11만 2,000건)에서 83%(약 13만 6,000건)로 증가했다. 10건 중 거의 9건이 임대차 관련 시장으로 재편된 것이다.

매매 비중 감소와 임대 비중 증가라는 변화는 2022년 엄청난 사회문제로 비화한 전세사기 사건을 기점으로 더욱 가속화됐다. 특히

서울시 빌라 거래유형별 거래량(2011~2025년)

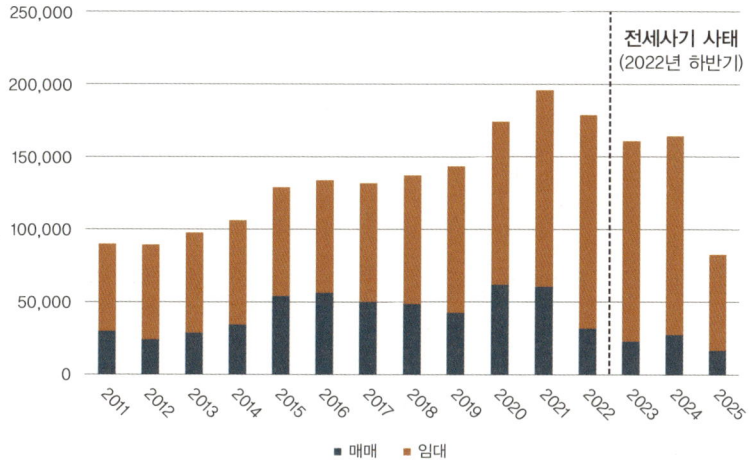

한편 그래프에서 오도의 가능성이 있는데, 2020년 이전 데이터는 전수 데이터가 아니다. 2020년 임대차 3법과 함께 도입된 전·월세 신고제로 기존에는 통계에 잡히지 않던 다수의 임대 거래가 제도권 안으로 유입됐다. 이러한 영향으로 2020년부터 임대 거래 집계 건수가 증가한 효과도 어느 정도 영향을 미친다. 그러나 이러한 통계적 효과를 감안하더라도 실제 시장에서 임대 비중 증가와 매매 비중 하락 현상은 분명한 변화로 보인다.

신축 빌라를 중심으로 대규모 전세사기 피해가 발생하면서 빌라 시장 전반에 대한 시장의 신뢰가 크게 악화됐고, 이는 빌라 매매 거래량 감소에도 영향을 줬다. 매매 수요자들이 빌라의 자산가치 하락은 물론 전세사기로 인해 세입자 확보가 어려워질 것을 예상하며 빌라 투자를 기피했기 때문이다. 그 결과 빌라 매매 거래는 급감했고 전세보다는 실거주 목적의 월세나 반전세 임대 거래가 상대적으로 활발해졌다.

빌라 매매 비중 감소에는 전세사기 외에 금리 인상과 건축비 상승 등 거시적인 요인들도 주요하게 작용했다. 2021년 8월부터 2023년 1월까지 이어진 한국은행의 기준금리 인상 기조는 주택담보대출 금리를 빠르게 끌어올렸고, 이는 실수요자와 투자자 모두의 매입 여력을 크게 떨어뜨렸다. 실수요자의 경우 금리 인상으로 이자 부담이 커지면서 매입 대신 임대를 선택하는 경향이 강해졌으며, 투자자의 매입 심리 역시 금융비용 증가와 수익률에 대한 불확실성으로 점점 둔화됐다.

폭발적인 반전세 전환의 의미

서울시 빌라 임대 시장 내부의 구조적 변화도 뚜렷하게 감지되고 있다. 과거에 비해 전세 비중이 줄어들고 반전세와 월세 비중이 확대되는 것이다. 이러한 흐름은 2020년 이후부터 본격화됐는데, 이는 임대인과 임차인 양측의 경제적 여건 변화와 제도적 요인이 복합적으로 작용한 결과라고 해석할 수 있다.

먼저 임대인 측에서는 저금리 환경이 주요 원인으로 작용했다. 2020년에 발생한 코로나 팬데믹 시기의 초저금리 환경은 전세 보

◉ 2021년 8월부터 2023년 1월까지 인상, 이후 2024년 10월부터 완화로 전환됐다.

서울시 빌라 임대유형별 거래량(2011~2025년)

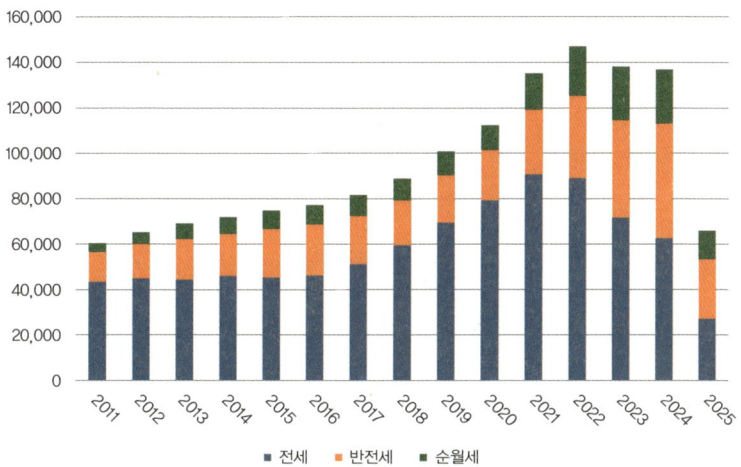

증금 운용의 수익성을 크게 떨어뜨렸고, 전세금은 사실상 묶인 자산이 됐다. 이전에는 전세금을 은행에 예치하거나 투자해 일정 수익을 기대할 수 있었지만, 저금리 기조하에서는 전세 보증금 예치를 통해 기대할 수 있는 이자 수입이 크게 줄어들었기 때문이다. 게다가 2023년 5월부터 주택도시보증공사(HUG)의 전세보증보험 가입 한도가 공시 가격의 126% 이하로 제한되면서, 고액 전세금 설정이 어려워졌다. 이에 따라 임대인들은 보증보험 가입이 가능한 수준까지만 전세금을 책정하고 나머지는 월세로 돌리는 '반전세 계약'을 선호하게 됐다.

임차인 측 요인도 전세 비중 감소에 영향을 미쳤다. 팬데믹 이후 주택 가격이 크게 상승하면서 전세 보증금 마련에 필요한 초기 자금 부담 역시 급격히 커졌기 때문이다. 수억 원에 달하는 전세금 마련이 어려워진 세입자들은 초기 자금 부담이 덜한 반전세나 월세 계약으로 이동하는 경우가 늘어났다. 또한 2022년 대규모 전세사기 사건은 세입자의 보증금 손실에 대한 불안감을 크게 자극했고, 보증금을 가능한 한 줄이려는 임차인들의 수요를 증가시켰다. 즉 임대 계약에 있어서도 안전성과 유동성을 중시하는 방향으로 임차인들의 선호가 변화하며 전세 거래가 크게 줄어든 것이다.

이러한 변화는 단기적인 현상이라기보다 향후 빌라 시장의 전반적인 구조에 지속적으로 영향을 미칠 가능성이 크다. 빌라 시장은 표준화된 아파트에 비해 상대적으로 제도적 사각지대가 많고 시장 투명성 또한 낮다는 특성이 있는 만큼, 보증금을 보호하기 위한 반전세나 월세 형태의 계약이 선호되기 때문이다. 향후에도 현재와 유사한 시장 환경과 전세 거래에 대한 불신이 지속된다면, 전세 비중 감소 현상은 장기적 구조로 자리 잡을 가능성이 크다.

한편 임대 시장의 변화를 단순히 '전세에서 월세로의 전환'으로 요약하기는 적절치 않다. 언론에서는 '전세 소멸로 인한 월세 사회로의 전환'이라는 식의 서술이 종종 등장하지만 이는 잘못된 표현이다. 실제 데이터를 보면 전세에서 월세로의 이동보다는 전세와 월세가 혼합된 형태인 반전세로의 이동이 더욱 많이 나타났기 때문

서울시 빌라 임대유형별 비중(2011~2025년)

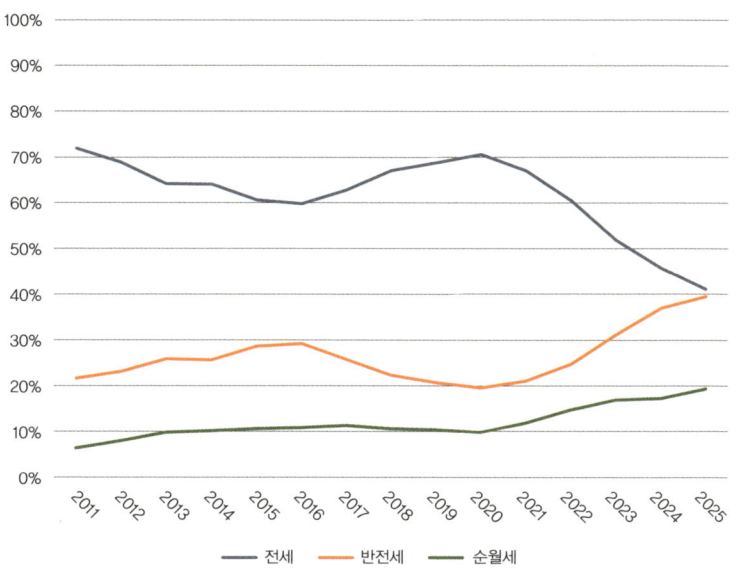

이다. 그래프에서 보이듯, 임대 거래 건 중 반전세는 꾸준히 증가해 2025년 현재 전세(약 40%)와 비슷한 수준이며 순월세(약 20%)에 비해 압도적으로 많다. 순월세 비중은 2020년 약 10%에서 2024년 약 17%로 70% 증가했고, 반전세 비중은 같은 기간 약 20%에서 37%로 85% 증가해 순월세보다 반전세 증가율이 더 높은 것으로 나타났다.

서울시 빌라 매매·전세가격 트렌드

서울시 빌라 매매가격과 전세가격은 2013년 1분기부터 2021년 4분기까지 9년간 유사하게 움직였다. 해당 기간 빌라 매매가격 누적상승률은 68.1%로 전세가격 누적상승률 66.4%와 크게 차이가 나지 않았다. 분기별로는 매매가 1.49%, 전세가 1.44%로 거의 같은 가격 변동률을 보였다.

전세 보증금은 임대인에게 무이자 자금 조달 수단으로 작용하고, 임차인에게는 월세를 면제받는 대신 거액의 보증금을 일시적으로 예치하는 (무이자) 채권의 성격을 가진다.

그런데 전세자금대출 상품이 나오면서 전세는 금리 수준과 자금 조달 여건 등 (매매가격에 영향을 주는) 금융 환경의 영향을 받게 됐다. 그 결과 투자처로서의 성격이 약한 빌라 시장(빌라에 투자해 큰돈을 벌겠다는 투자자는 많지 않음)의 매매가격과 전세가격이 같은 요인(예, 금융시장)의 영향을 받게 됐고, 이는 두 가격체계가 같은 방향으로 움직이는 환경을 조성했다. 이후 2022년에도 매매와 전세의 트렌드는 유사하게 움직였다. 해당 기간 매매가는 -4%, 전세가는 -4.3%로 거의 유사한 가격 변동률을 보였다.

그리고 2022년 중반 이후 매매와 전세 모두 크게 하락했다가 2023년 들어 하락세가 멈췄다. 2023년 이후 매매가격과 전세가격의 흐름은 사뭇 다르다. 빌라 매매가격은 상승세로 전환한 데 반해

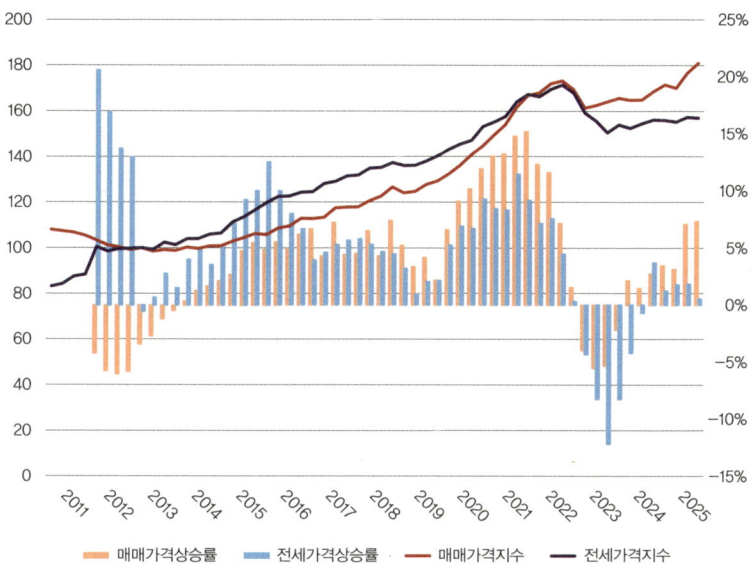

서울시 빌라 매매·전세가격지수와 상승률(2011~2025년) · 가격상승률: 전년 동분기 대비

빌라 전세가격은 정체된 상황이다. 이는 빌라에 집중적으로 발생한 전세사기 후폭풍으로 빌라 전세 수요가 줄었기 때문이다.

> Information

빌라 공급 절벽, 무너지는 주거의 최후 보루

서울의 오래된 골목길을 걷다 보면 여전히 남아 있는 다세대주택들, 일명 '빌라'가 눈에 띈다. 높고 좁은 계단, 발코니에 걸린 세탁물, 담벼락에 붙은 전단지, 그리고 수없이 오르내리는 사람들의 일상이 포개진 공간. 빌라는 서울이라는 도시가 품어온 삶의 가장 작은 단위였다. 아파트라는 범위에 들어가지 못한 채, 그러나 누구보다 현실적인 필요로 만들어지고 유지돼온 주거 형태. 그 빌라가 지금, 흔적도 없이 사라지고 있다.

한때 빌라는 서민, 청년, 이주노동자 그리고 1~2인 가구를 위한 주거 공간으로 기능했다. 아파트에 비해 상대적으로 전세 부담이 적었다. 특히 다가구나 연립 형태의 빌라는 건축법상 유연함이 있어 서울 안쪽에서도 촘촘하게 공급될 수 있었다. 신축 빌라는 일정 수준 이상의 시설과 마감재를 갖추기도 했고, 일부는 '소형 아파트의 대체재'라고도 불렸다. 하지만 이제 이런 표현은 사라지고 있다. 서울에서 빌라라는 형태의 주택은, 말 그대로 자취를 감추는 중이다. 국토교통부에서 매년 발표하는 인허가, 착공, 준공 통계를 보면 그 흐름은 명확하다. 빌라 공급은 2016년을 정점으로 완만한 하강을 시작했고 2021년 이후 가파르게 줄어들었다. 그리고 2024년부터 공급 곡선은 사실상 '제로'에 가까워졌다. 특히 2025년 예정 준공 물량은 1,000세대 이하로, 서울 전체 주택 공급의 통계치에 거의 잡히지 않을 만큼 미미한 수치다.

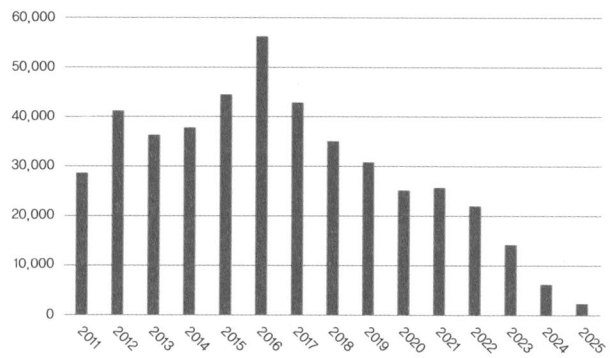

서울시 빌라 신규 공급(준공 기준, 2011~2025년) 출처: 국토교통 통계누리, 주택건설실적통계

아파트 시장과 빌라 시장을 비교할 때 2023년 이후의 양상은 매우 다르다. 아파트 시장은 2021년 고점 이후 2022년 조정을 거쳐 2023년부터 수도권을 중심으로 반등세를 보였고, 대단지 아파트 분양 시장의 청약 경쟁률도 상승했다. 반면 빌라 시장의 양상은 조정이 아니라 붕괴에 가깝다. 거래는 멈췄고, 매물은 쌓였으며, 매수자도 임차인도 시장을 외면하고 있다. 빌라는 더 이상 주거지로 선택되지 않는다.

그 이유는 단순하지 않다. 첫 번째는 가격의 정체다. 아파트는 일시적인 하락 후 회복력이 있지만, 빌라는 그렇지 않다. 가격이 오르지 않으니 투자 수요가 들어오지 않고 매매가도 불안정하다. 과거에는 '소액 투자'라는 이름으로 빌라 매매가 활발했던 시절이 있었지만 이제는 가격이 오르지 않으니 갭투자 전략도 의미가 없다. 깡통 전세에 대한 공포가 시장을 완전히 얼려버렸다. 한 번 신뢰를 잃은 시장은 회복이 더디다. 빌라는 지금 그 예외 없는 흐름 속에 있다.
두 번째는 건축 원가 급등이다. 코로나 이후 글로벌 공급망이 흔들리면서 건설 자재 가격이 폭등했다. 철근, 시멘트, PVC, 목재, 심지어 인건비까지 모두 올랐다. 대형 건설사들은 규모의 경제와 원가 관리로 어느 정도 대응이 가능하지만 소규모 시공사와 시행사는 직격탄을 맞았다. 이들이 주로 짓는 주택이 바로 빌라다. 수익성이 악화되자 건축 의지는 꺾였고, 남은 현장은 멈췄다. 금융권에서도 이들에 대한 PF 대출을 거부하거나 조건을 대폭 강화하며 자금 흐름마저 끊겼다. 사업 초기 단계에서 위험이 지나치게 커진 상황이다. 새로운 빌라 공급은 불가능에 가까운 일이 됐다.

그리고 결정적인 세 번째 이유. 바로 전세사기다. 빌라는 이 범죄의 무대가 됐다. 수도권을 중심으로 다수의 갭투자자와 전세사기 조직이 빌라를 활용해 전세 보증금을 빼돌렸다. 이 과정에서 수많은 무주택 청년과 신혼부부가 피해를 봤고, 이들은 "다시는 빌라에 살지 않겠다"라는 각성을 공유하게 됐다. 매매가격과 전셋값이 사실상 일치하거나 오히려 전세가 더 비싼, 이른바 깡통전세 구조는 이제 시장에서 기피 대상 1순위가 됐다. 집값이 오르지 않고, 보증금 회수도 장담할 수 없고, 관리 상태나 건축 품질도 믿기 어려운 주택. 시장은 그런 빌라를 더 이상 받아들이지 않는다.

빌라 시장이 사라진다는 것이 뜻하는 바는 단순히 '빌라가 더 이상 지어지지 않는다'라는 차원이 아니다. 서울의 주거 체계에서 구조적 공급 축 하나가 사실상 제거되고 있다는 의미다. 지금까지 빌라는 아파트 외 주거 유형 가운데 가장 넓은 수요 기반을 가진 공급 형태였다. 자가와 임차, 매매와 전세, 단기 거주와 장기 거주를 모두 포괄한 몇 안 되는 유형이었다. 빌라가 사라진다는 것은 곧 특정 계층을 위한 주거 선택지가 구조적으로 소멸한다는 뜻이다.

이로 인해 주거의 다양성이 축소되고 공급체계 전반에 단층화가 발생한다. 과거에는 빌라 같은 비아파트 주택이 아파트 진입의 전 단계로 기능하며 수요를 분산시켰지만, 이제는 이러한 중간 단계가 사라지면서 시장 전반의 수요가 아파트로 집중되고 있다. 수요 쏠림이 심해질수록 아파트 가격의 변동성은 커지고, 그에 따라 시장의 안정성도 떨어진다. 장기적으로는 특정 주택 유형에 과도하게 의존하는 구조가 고착화할 수 있다.

또한 저가 임대 공급의 기반이 붕괴하면서 임대차 시장 전체에 압력이 가해진다. 특히 서울 내에서 전세 혹은 보증부 월세를 통해 거주하던 계층이 대체 가능한 공급을 찾지 못하게 되고, 이는 상대적으로 더 열악한 주거환경으로 이동을 유도하게 된다. 실질적인 주거 이동의 하향화가 발생하는 것이다.

이 같은 변화는 특정 지역에만 국한되지 않는다. 비슷한 유형의 다세대·다가구 밀집지, 그리고 중소형 주거지의 수요와 공급 균형 전반에도 영향을 미친다. 공급자 철수와 수요자의 기피가 동시에 발생할 경우, 특정 주거지구는 정비사업 추진 없이도 물리적으로 쇠퇴하게 된다. 이는 장기적으로 도시 전체의 균형 발전과 관리 측면에서도 부담 요인으로 작용할 수 있다.

따라서 현재 빌라 시장의 수축은 단지 주택 유형 하나의 시장 축소가 아니라, 서울 주택 시장 구조 전반의 변동성과 취약성을 확대하는 방향으로 작용하고 있다. 이 현상은 향후 정책과 공급 계획 수립에 있어 반드시 고려해야 할 변수 중 하나다.

서울시 빌라 시장 정밀 분석

2

빌라 VS 아파트 시장 비교

아파트 중심의 가격 상승세는 빌라 투자의 매력도를 낮추는 요인으로 작용했으며, 특히 전세사기 이슈와 같은 특수한 리스크도 존재해 빌라의 매수 심리를 감소시키는 결과로 이어진 것으로 보인다.

아파트 대비 저조한 빌라 매매가격상승률

2014년 무렵부터 2022년 초까지 이어진 주택 시장 활황기 동안 아파트는 실거주 수요뿐만 아니라 투자 수요까지 대거 유입되며 가파른 가격 상승세를 보여줬다. 이와 달리 빌라 매매가격은 아파트에 비해 확연히 낮은 상승세를 기록했다. 특히 서울 아파트 가격이 급등하며 고공행진을 이어간 반면, 빌라는 상대적으로 약한 상승세를 보이며 아파트와 가격 격차가 벌어지는 현상이 나타났다.

다음 페이지의 그래프는 빌라와 아파트 매매가격의 연간상승률과 지수를 표현한 것이다. 2013년부터 2021년 말까지 아파트 가격 대세 상승기에 빌라 가격상승률은 아파트 가격상승률보다 낮은 수준이 대부분이었다. 대부분 아파트의 절반 정도 상승률을 보여준다.

빌라와 아파트 매매가격은 큰 틀에서는 비슷하게 움직였다. 2013년을 저점으로 상승하다가 2022년 전후로 가격이 꺾인 후, 2023년 들어 저점을 찍고 상승(빌라는 완만한 상승)했다.

다만 상승 폭에 확연한 차이가 있다. 2013년 1분기부터 빌라 매매가격이 고점을 기록한 2022년 2분기까지, 아파트 매매가격이 약 179% 상승한 반면 빌라 매매가격은 약 73% 상승에 그쳤다.

두 시장의 상승률 차이는 2023년 이후 주택 시장의 회복기에도 나타났는데, 아파트 매매 시장의 경우 2023년 이후부터 빠른 반등을 보인 반면 빌라 매매 시장은 2023년 말까지도 장기간 정체 상태

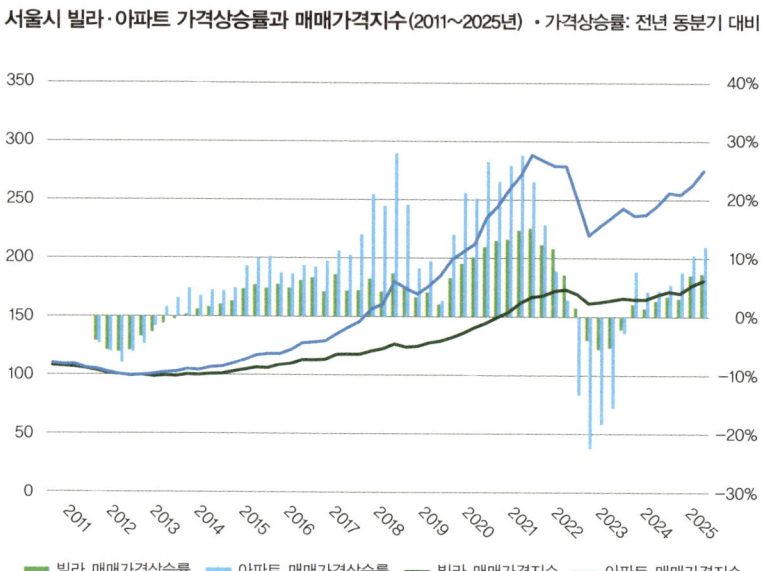

를 보이며 회복 속도에서 차이를 나타냈다.

또한 2022년 4분기 저점 이후 2025년 2분기까지 누적상승률 역시 아파트가 25%, 빌라가 12%로 아파트가 빌라에 비해 2배 가까이 높은 결과를 보였다. 앞서 설명한 2010년대 가격상승률 격차와 유사하다.

이 같은 아파트와 빌라 시장 간 가격상승률 격차는 주거 형태별 시장 양극화에 더해 빌라 시장의 특수성과 한계가 복합적으로 작용한 결과로 이해할 수 있다. 아파트 중심의 가격 상승세는 빌라 투자의 매력도를 낮추는 요인으로 작용했으며, 특히 전세사기 이슈와 같은 특수한 리스크도 존재해 빌라의 매수 심리를 감소시키는 결과로 이어진 것으로 보인다.

아파트와 빌라 전세 시장의 분화

　빌라와 아파트의 전세 시장을 살펴보면 2011년부터 2022년까지 두 시장의 동질화와 분화가 번갈아 나타났다. 2011년 1분기부터 2013년 3분기까지 전세가격상승률은 아파트가 20.7%, 빌라가 22.8%로 비슷했다. 이후 2013년 4분기부터 2015년 4분기까지는 시장이 분화돼 움직였다. 해당 기간 전세가격상승률은 아파트가 29.4%, 빌라가 18.3%로 상승률 격차가 크게 나타났다.

　2016년에 들어서면서부터는 아파트와 빌라 시장이 다시 동질적인 움직임을 보였다. 2016년 1분기부터 2020년 2분기까지 약 4년간 전세가격 누적상승률은 아파트가 약 20.6%, 빌라가 약 20.2%로 거의 차이 나지 않았다.

　그러나 2020년 중반부터 아파트 전세가격이 급등하면서 아파트와 빌라 전세 시장은 다시 괴리를 보였다. 2020년 2분기부터 2022년 2분기까지 아파트의 전세가격상승률은 29.7%로 높게 나타난 반면, 동기간 빌라 전세가격상승률은 16.5%에 그쳤다.

　이러한 아파트와 빌라 전세 시장의 비동조화 현상은 2022년 중

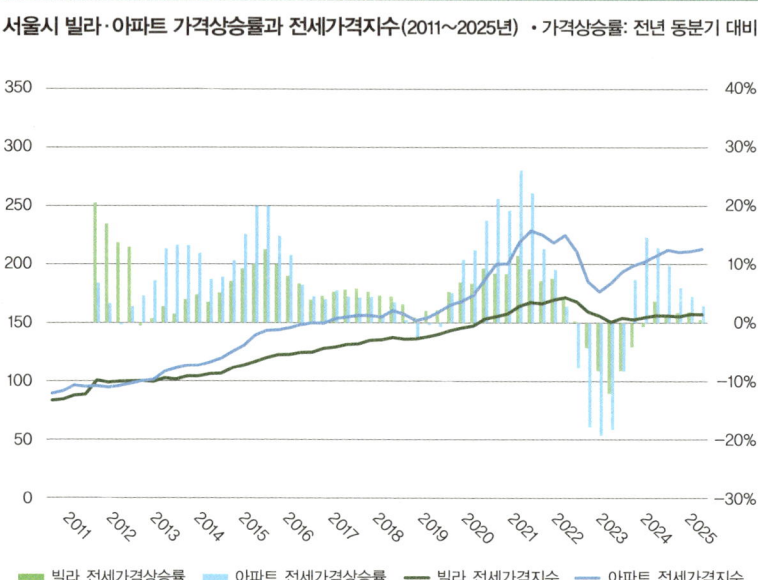

반 대폭락 이후 회복기에도 두 유형 간 가격상승률의 격차로 이어지고 있다. 아파트 전세가격의 경우 2023년 1분기 저점 이후 2025년 2분기까지 21%의 누적상승률을 보인 반면, 빌라의 경우에는 2023년 2분기 저점 이후 2025년 2분기까지 4.3% 수준의 누적상승률을 기록하며 아파트 대비 반등세가 매우 약하게 나타났다. 이는 2020년 중반부터 시작된 아파트와 빌라 전세 시장의 분화가 현재까지도 이어지고 있음을 나타낸다.

이러한 분화는 아파트와 빌라 거주 계층이 상이해짐에 따라 더욱 심화될 가능성이 있다.

"현재 빌라 거주자는 1인 가구 위주로 재편되고 있어요."
(2024년 12월, 신촌 지역 중개사 인터뷰)

빌라 거주자가 1인 가구 위주로, 아파트 거주자는 2인 이상 (자녀를 둔) 가구로 재편되는 상황은 상위재(아파트)와 하위재(빌라)의 수요층이 차별화됨을 의미한다. 그리고 두 주택 유형의 가격 흐름 역시 상이할 가능성을 내포한다.

빌라 거주자가 1인 가구 위주로 재편되는 양상을 보여주는 단초 중 하나는 초등학교 학생 수다. 빌라 밀집 지역 소재 초등학교 학생 수가 아파트 단지 인근 초등학교 학생 수보다 빠르게 줄고 있다. 아파트와 빌라 시장의 역할과 균형이 서서히 무너지는 모습이다.

서울시 빌라 시장 정밀 분석

3

동일 지역 내 아파트와 빌라 시장 비교

2022년 하반기 급락 이후 회복세에도 차이가 나타났는데, 아파트의 경우 2022년 4분기 저점부터 2025년 2분기까지 약 39.2% 상승한 반면 빌라의 경우 동기간 10.3% 상승하며 아파트 대비 매우 약한 회복세를 보였다.

역삼2동·대치4동 사례 비교

역삼동과 대치동은 서울 강남권의 대표적인 주거 지역임과 동시에 대치동 사교육 일번지 주변 지역이다. 이곳에는 아파트와 빌라가 공존하며 우수한 학군과 다양한 편의시설을 공유하고 있다. 이러한 지역적 동일성 덕에 입지 요인에 따른 영향을 최소화하고 빌라와 아파트라는 주택 유형에 따른 가격 흐름과 시장 회복력의 차이를 정확히 비교할 수 있다.

역삼2동·대치4동 지도   출처_네이버 지도

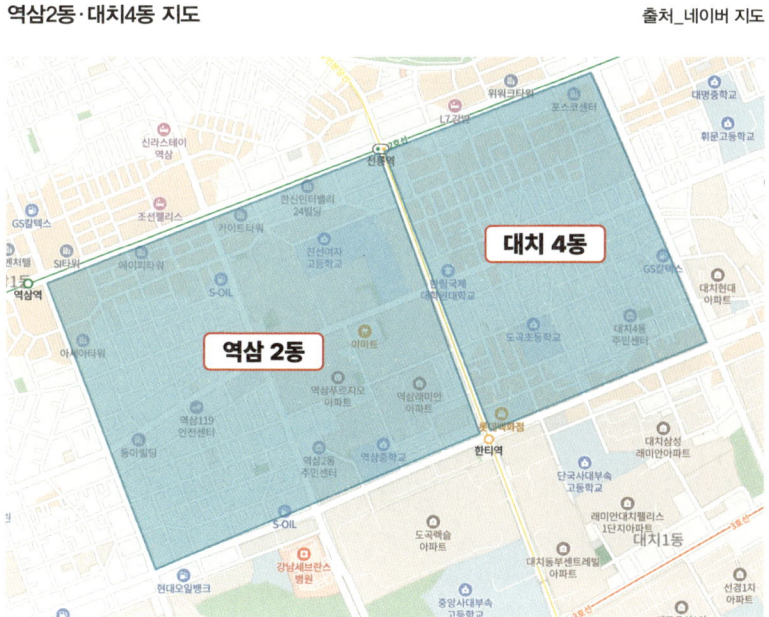

역삼·대치권 아파트와 빌라 가격 추이를 살펴보면 다음 두 가지 특징이 나타난다.

매매가격: 2017년 이후 아파트 시장과 빌라 시장의 격차가 벌어지기 시작했고 그 격차가 지속적으로 확대됨
전세가격: 분화-동질화-분화의 흐름을 거치고 있으며, 2019년 이후 분화가 지속 중

매매 시장의 경우 빌라는 2012년부터 2022년 2분기까지 완만한 상승세를 보인 반면, 아파트의 경우 2017년을 기점으로 큰 폭의 상승세를 보이며 두 주택 유형 간 매매가격상승률 격차가 크게 벌어졌다. 아파트 매매가격의 경우 2017년 1분기부터 2022년 2분기 고점까지 약 113% 상승한 반면, 빌라 매매가격은 약 51% 상승에 그쳤다.

2022년 하반기 급락 이후 회복세에도 차이가 나타났는데, 아파트의 경우 2022년 4분기 저점부터 2025년 2분기까지 약 39.2% 상승한 반면 빌라의 경우 동기간 10.3% 상승하며 아파트 대비 매우 약한 회복세를 보였다.

서울시 전체 아파트 매매가격의 누적상승률 대비 빌라 매매가격의 누적상승률이 대략 절반 이하였던 것과 비슷한 수치다.

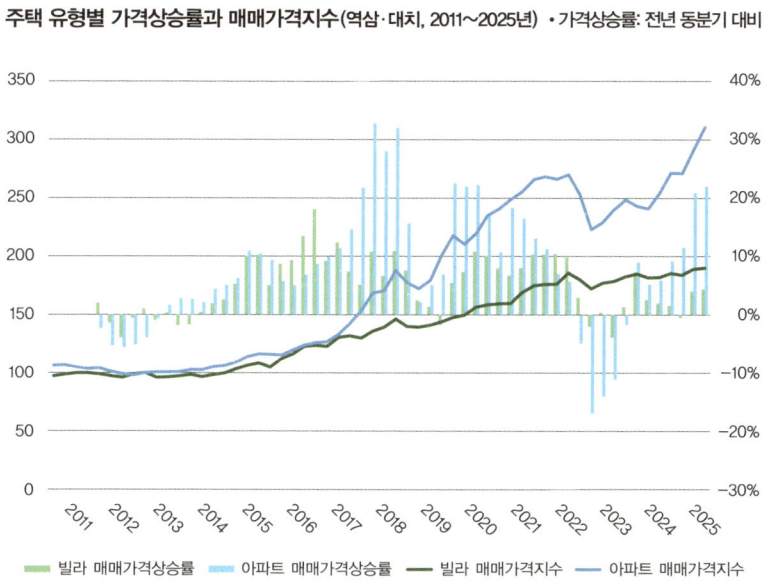

역삼·대치권 빌라와 아파트 매매 실거래가를 살펴보면 2025년 상반기 기준 빌라의 평당 실거래가는 4,521만 원으로, 아파트(평당 1억 282만 원)의 절반 수준(44%)이다.

전세 시장의 경우 역삼·대치권 아파트와 빌라 시장은 분화-동질화-분화의 과정을 거쳤다.

2011년~2015년 가격 분화: 빌라와 아파트의 전세가격상승률 격차가 크게 발생하며 분화

2016년~2019년 2분기 동질화: 아파트 전세가격 누적상승률

(12%), 빌라 전세가격 누적상승률(12%)

2019년 3분기~2022년 2분기 분화: 아파트 전세가격 누적상승률(41%) VS 빌라 전세가격 누적상승률 (15%)

2022년 3분기~2025년 2분기 분화: 아파트 전세가격 누적상승률(2.8%) VS 빌라 전세가격 누적상승률 (-2.6%)

전세 시장 역시 시점은 다르지만 2019년 중반부터 아파트와 빌라 시장 간 분화가 지속되고 있다.

역삼·대치권 빌라 전세가격상승률을 서울 전체 빌라 전세가격 흐름과 비교하면 역삼·대치권 빌라의 전세가격상승률이 상대적으로 높다. 2023년 2분기 저점 이후 2025년 2분기까지 서울 전체 빌라 전세가격 누적상승률은 4.3%에 불과한 반면, 역삼·대치권 빌라 시장은 6.8%로 더욱 강한 상승세를 보였다. 또한, 서울 빌라 시장의 급락 이후 상승 전환 시기가 2024년 1분기였던 것과 달리 역삼·대치권은 그보다 반년 빠른 2023년 3분기부터 상승 전환했다는 점에서 서울 전체 대비 풍부한 전세 수요와 안정적 가격 흐름을 보이는 시장임을 알 수 있다.

이는 강남권 빌라의 경우 강남이라는 특장점이 토지 가격에 투영된 것이다. 즉 강남권 빌라는 강남이 지닌 다양한 특장점(직주근접성, 학군, 쇼핑 및 의료 환경, 교통 접근성 등)을 누릴 수 있기 때문에 주택 유형으로서는 열위재지만 누릴 수 있는 장점이 토지와 건물 가격에

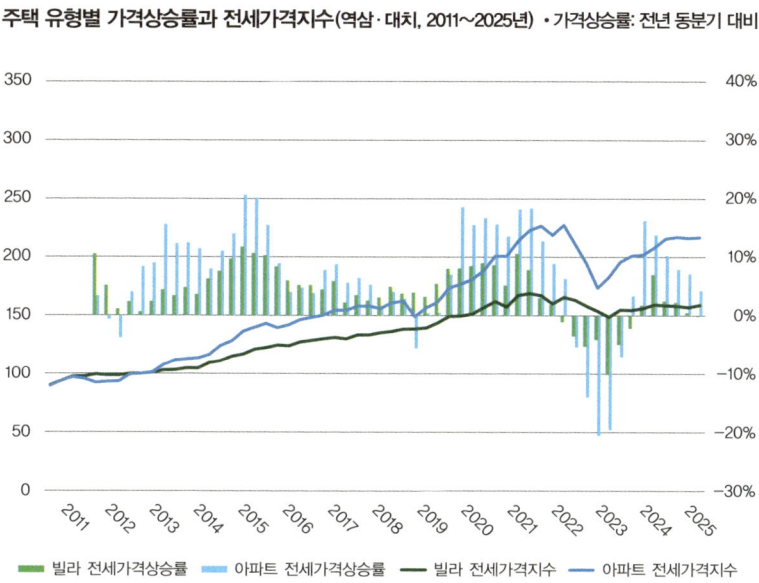

주택 유형별 가격상승률과 전세가격지수 (역삼·대치, 2011~2025년) • 가격상승률: 전년 동분기 대비

녹아든 것이다. 이에 더해 강남권 주거지 개발 압력이 지속적으로 상승할 수 있는 만큼 미래 개발 가능성 역시 토지와 주택 가격에 더해질 수 있다.

2025년 상반기 역삼·대치권 평당 전세 실거래가는 빌라가 평당 2,614만 원, 아파트는 평당 4,470만 원으로 아파트 전세 보증금의 60% 수준이다. 아파트 대비 빌라 매매가격(아파트의 44%)보다 전세가격(60%)의 상대적 비율이 높은 이유는 전세에 실거주 수요가 가미되기 때문이다. 즉 아파트 매매에는 투자 수요가 빌라 매매보다 더 많이 붙기에, 아파트 매매가격이 더 높게 형성될 수 있다. 아파트 매매가격이 더 높게 형성될수록 빌라 가격은 상대적으로 더 비중이 떨어지게 된다. 대신 아파트 전세와 빌라 전세는 모두 실거주 수요가 반영되기 때문에 투기적 수요(혹은 투자 수요)가 붙지 않는다. 그리고 아파트 유형 자체가 빌라에 비해 상위재인 만큼 당연히 프리미엄이 붙지만 투기적 수요는 붙지 않기 때문에 아파트 전세 대비 빌라 전세가격 비중은 매매보다 높다.

빌라 시장이 알려주는 5가지 인사이트

1. 빌라 시장을 포함한 비아파트는 규모 면에서는 아파트 시장에 못 미치나, 가구수 기준으로는 더 많은 가구가 비아파트에 거주한다.
2. 서울 부동산 시장에서 빌라 시장은 서민들의 주거 안전판 기능을 한다.
3. 다만 빌라는 투자수익률 관점에서는 아파트에 못 미친다. 빌라 가격상승률은 대략 아파트 가격상승률(매매가격)의 절반에 못 미친다.
4. 빌라는 매매 위주 시장보다는 임대차 시장의 역할을 하는데, 최근 전세사기 등의 여파로 전·월세 시장에 변화가 일어났다. 반전세의 비중이 월등히 커진 것이다. '순월세' 비중이 상승한

것은 맞지만 전체 계약 건수와 비중을 볼 때 '반전세' 시장으로 재편된 것으로 보인다.

2026년 부동산 투자 빅이슈
1

글로벌 충격파와 한국 부동산 시장

인플레이션이 도래하면 화폐 가치가 먼저 하락한다. 이는 반대로 실물자산(Tangible Asset)의 상대적 가치를 높이는 역할을 한다. 대표적 실물자산인 부동산이 인플레이션 헤지 수단으로 주목받는 이유다. 부동산의 이러한 특성은 시장의 수요를 자극하며 결국 가격 상승 압력으로 이어진다.

한 치 앞을 모르는 글로벌 정치·경제

2024~2025년 여름까지 대한민국을 포함한 글로벌 경제 상황은 도널드 트럼프의 대선 승리와 그의 관세 정책을 고려하지 않고는 큰 흐름을 이해하기 어렵다. 트럼프 행정부는 포괄적인 관세 인상 기조를 유지하면서도 상황에 따른 세율 조절 전략을 취하며 각국에 위협적인 태도를 보이고 있다. 이러한 미국의 정책 방향은 세계 자본시장과 실물경제 전반에 막대한 파급력을 미치는 중이다. 한국 역시 그 영향권에서 벗어날 수 없다. 트럼프식 보호무역주의는 세계 무역 구조를 뒤흔들었고, 특히 우리나라처럼 수출 의존도가 높은 국가들에 막대한 부담을 안겼다. 이는 결국 국내 인플레이션을 자극하는 요인으로 작용하고 있다.

글로벌 경제 상황이 급변하는 와중에 한국은 정치적 리스크가 극에 달했다. 2024년 12월 3일, 상식에서 벗어난 불법적 비상계엄 선포로 국회가 봉쇄되고 계엄군이 통제를 시도하는 모습이 전 세계로 송출됐다. 이로 인한 정치적 혼란은 당연히 경제적 혼란과 리스크로 직결됐다. 계엄령 발효 직후 국내 주식 시장은 급격한 하락세에 직면해 거래일 기준 사흘 만에 코스피는 5.68%, 코스닥은 9.52% 폭락하며 약 144조 원에 달하는 돈이 증발했다. 이는 코스피 2위인 SK하이닉스의 시가총액을 상회하는 규모로, 외국인과 개인 투자자들 모두 주식을 대거 매도하며 금융시장 불안정성이 크게 확대됐다.[1]

후폭풍은 국채시장에서도 드러났다. 외국인 투자자는 계엄령 발효 직후인 12월 4일부터 한 달간 한국 국채(선물 3~30년물)를 약 18조 원어치 순매도하며 자금 회수에 나섰고, 이는 2021년 9월 이후 월간 기준 최대 규모였다. 혼란은 외환시장에도 고스란히 전이됐다. 2024년 12월 3일 이전 1,400원 전후로 움직이던 원·달러 환율은 12월 말 1,480원에 육박하며 원화 가치가 단기간에 급락했다. 외환시장 불안정성은 한국 금융시스템 전반의 불안정성을 가중했다. 외국계 투자자들에게 불안을 심으며 각종 거래가 연기되거나 취소됐고, 국내 여행산업이 커다란 타격을 받았으며 소비 심리 역시 크게 위축됐다.[2] 정부는 충격을 완화하기 위해 금리 인하 및 유동성 공급 등 완화적 금융 정책으로 급히 전환했다.

관세 전쟁과 월세 폭등의 상관관계

글로벌 관세 전쟁이 상식을 벗어난 수준으로 전개되면서 수입품 가격 인상은 필연이 됐다. 트럼프 정부의 관세 폭탄 조치가 환율 불안정성을 키워 수입물가에 강한 자극을 주고 있기 때문이다. 수입물가는 이미 급등세를 보이고 있으며, 최종 소비자물가에도 직접적인 영향을 미치는 중이다. 통계청이 발표한 2025년 3월 소비자물가 동향에 따르면 커피·차(+12.4%), 기타 식료품(+4.7%)을 포함한 주요 식료품목 가격이 전년 동월 대비 큰 폭으로 상승했다. 이외에도 기타 상품 및 서비스 품목(+4.2%), 음식 및 숙박(+3.0%) 등 소비자물가가 전반적인 오름세를 보여 장바구니 물가 부담이 한층 커지는 상황이다.

이러한 인플레이션 압력은 실질소득 감소와 소비 위축을 불러오며, 한편으로는 실물자산에 대한 투자 수요를 자극하는 역할도 한다. 고정 수익을 제공하는 예금의 실질가치가 하락함에 따라 자산가 및 중산층은 가치 보존 수단으로 부동산 같은 실물자산에 눈을 돌리게 된다. 인플레이션이 도래하면 화폐 가치가 먼저 하락한다. 이는 반대로 실물자산(Tangible Asset)의 상대적 가치를 높이는 역할을 한다. 대표적 실물자산인 부동산이 인플레이션 헤지 수단으로 주목받는 이유다. 부동산의 이러한 특성은 시장의 수요를 자극하며 결국 가격 상승 압력으로 이어진다.

인플레이션이 부동산 시장에 미치는 영향을 살펴보면 수요 측면에서 가장 먼저 반응하는 부분은 '임대료'다. 실제로 2020년 코로나 팬데믹 이후 각국이 대규모 유동성을 공급하면서 인플레이션이 발생하자 글로벌 도시들에서는 일제히 월세 급등 현상이 나타났다. 2023년 말 기준 뉴욕의 월세는 2019년 대비 30%[3], 베를린은 34%[4] 상승한 바 있다.

월세가 급등하면 부동산의 '임대수익률'이 상승하면서 부동산 투자 매력도를 끌어올린다. 예를 들어 과거 10억 원짜리 건물에서 연

임대료 3,000만 원이 발생했다고 하자. 수익률은 3%(=3,000만 원÷10억 원)다. 그런데 임대료가 30% 상승해 3,900만 원이 된다면 수익률은 3%에서 3.9%로 아주 짧은 기간에 0.9%p 상승한다. 투자수익률이 상승한 만큼 많은 사람이 부동산에 관심을 갖게 되고, 이는 자연히 수요 증가와 가격 상승으로 이어진다. 따라서 임대료 상승은 부동산 가격 상승의 신호탄 역할을 하며 수요를 더욱 자극하는 결과를 낳는다.

월세 상승 흐름은 서울도 예외가 아니었다. 2010년대 내내 안정적인 흐름을 보인 서울 아파트 월세는 2020년을 기점으로 급변하

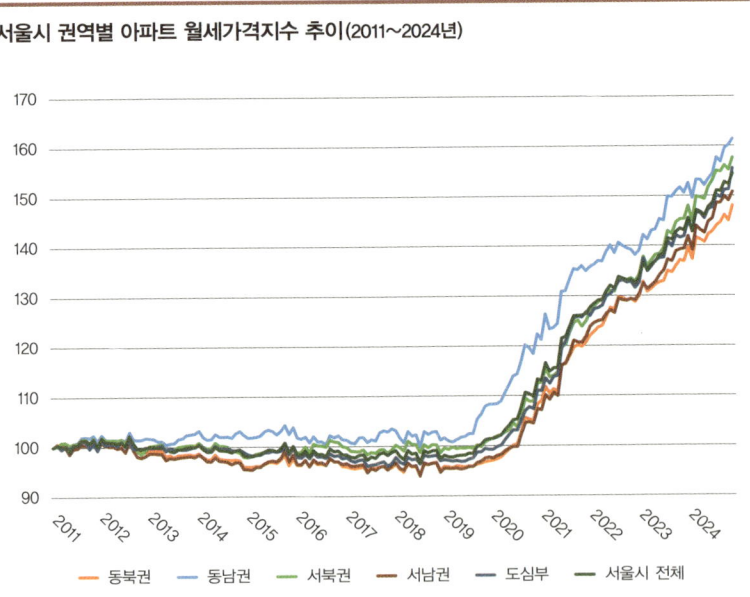

서울시 권역별 아파트 월세가격지수 추이(2011~2024년)

기 시작했다. 2020년부터 2024년까지 서울 동남권 아파트 월세 상승률은 약 60%였고, 서울시 평균 상승률은 50%를 넘었다. 서울 부동산 시장이 인플레이션 이후 구조적 전환기를 맞은 것이다.

금리 인하를 통한 경기 활성화

인플레이션이 오면 일반적으로 중앙은행은 금리를 동결하거나 인상해 인플레이션을 억제한다. 예를 들어 미국 연방준비은행은 2024년 8월 5.5%였던 기준금리를 12월에 4.5%로 인하했는데, 트럼프 대통령의 관세 정책으로 인플레이션이 염려되자 2025년 8월 현재까지 금리를 동결한 상태다.

그러나 우리는 미국과 상황이 다르다. 대한민국은 미국보다 경제성장률이 낮고 잠재적인 성장 동력도 약한 데다 불법 계엄 후폭풍으로 서민경제는 파탄 상태다. 적극적인 재정정책과 통화정책이 불가피하다. 실제로 한국은행은 고꾸라진 경기를 살리기 위해 기준금리를 인하하고 있다. 2024년 10월에 기준금리를 3.25%로 낮추며 인하를 시작한 한국은행은 2025년 8월 현재 2.5% 수준까지 금리를 끌어내렸다. 1년도 안 돼 100bps를 인하한 것이다.

사실 경기 침체로 기준금리를 선제 인하하는 국가는 많다. 미국 연준이 금리 인하에 신중한 태도를 보이는 데 반해, 유럽 중앙은행과 캐나다 중앙은행은 2024년 6월부터 선제적으로 금리 인하를 시작했다. 미국보다도 먼저 완화적 통화정책으로 전환한 것이다. 주요 선진국이 경기 둔화와 무역 불확실성에 대응해 금리 인하를 단행한 것처럼, 한국은행 또한 기준금리를 낮춤으로써 경기 활성화에 나선 셈이다.

인플레이션과 금리 인하의 어색한 공존

이처럼 경기 둔화와 인플레이션 압력이 동시에 존재하는 모순적 국면 속에서, 인플레이션은 이미 실질경제에 깊숙이 자리하고 있다. 특히 부동산 시장, 그중에서도 공급 측면에서 핵심적인 변수인 '시공비용'의 변화는 인플레이션이 얼마나 현실화했는지 잘 보여준다. 2020년 팬데믹을 기점으로 시공비 상승 폭이 가팔라졌다. 한국과 미국 모두 2020년 이후 시공비 누적상승률은 약 40%에 달하며, 이로 인해 재개발 현장에서는 조합과 시공사 간 갈등이 일상화됐다. 이는 공사 지연과 사업성 악화로 이어져 결과적으로 미래 입주 물량 감소 현상이 나타났다.

인플레이션 상황에서 기준금리를 인하할 경우, 부동산 시장의 수요와 공급은 서로 엇갈린 흐름을 보일 수 있다. '수요자' 입장에서는 월세가 오르는 상황에서 대출금리가 낮아지므로 부동산 투자가 매력적으로 느껴진다. 반면 '공급자' 입장에서는 시공비와 토지비가 비싸져 수익성이 떨어지는 만큼 공급 확대가 제한된다. 수요는 살아 있는데 공급이 받쳐주지 못하는 구조적 불균형이 발생할 수 있는 것이다.

다만 한국 부동산 시장의 지역적 비대칭성도 고려해야 한다. 인구 감소, 지역 경기 침체, 미분양 등의 문제는 주로 지방에서 발생하는 반면 서울은 수도권 내 강한 대기수요, 비교적 견고한 경제, 극히 낮은 미분양률을 바탕으로 지방과 전혀 다른 흐름을 보여주기 때문이다.

> Information
>
> ### 1923년 초인플레이션에도 살아남은 부동산 투자자들
>
> 부동산이 인플레이션 헤지 수단으로 작동한다는 사실을 가장 극명하게 보여준 사례는 1923년 하이퍼인플레이션을 겪은 바이마르 공화국, 즉 독일이다. 1922년 제노아 회의가 실패하면서 독일의 재정 건전성에 대한 국제적 신뢰가 무너지자 독일 정부는 국가 재정적자를 통화 발행으로 메우기 시작했다. 급격한 통화량 증가는 환율 붕괴와 수입물가 상승을 유발했고 전반적인 물가 폭등으로 이어졌다.

1922년 들어 본격적인 하이퍼인플레이션이 발생하면서 월간 물가 상승률이 무려 50%를 넘어섰고 화폐 가치는 사실상 붕괴했다. 2년 넘게 이어진 물가 급등은 점점 극심해져 1923년 말에는 물가가 하루에도 10~20%씩 뛰어올랐다. 예컨대 계란 한 판 가격이 1923년 9월 2억 3,000만 마르크였던 것이 불과 두 달 후인 11월에는 3,200억 마르크에 달했다. 2년 전 1921년과 비교하면 자그마치 10억 배가 넘는 상승이었다.

이런 상황에서 화폐 기반 자산은 무가치해졌다. 마르크화로 투자한 채권이나 은행 예금은 전부 휴지 조각이 됐다. 반면 부동산은 예외였다. 예를 들어 100만 마르크짜리 부동산을 자기 자본 20만 마르크와 대출 80만 마르크로 매입했다고 가정하자. 인플레이션으로 마르크 가치가 10억 분의 1로 하락할 경우 대출금 80만 마르크의 가치는 실질적으로 0이 되며 탕감되는 결과를 낳는다. 대출금 80만 마르크가 하이퍼인플레이션 기간에 껌값이 됐으니 갚아버리면 끝나는 것이다. 즉 대출을 활용해 부동산을 매입한 투자자는 적은 자기 자본으로 몇 배나 큰 액수의 부동산을 할인받아 매입하게 됐다. 부동산은 실물자산이기에 본질가치가 있다. 실생활에서 공간은 계속 사용돼야 하므로 인플레이션 상황에서도 임대료 등 사용료는 함께 상승한다. 따라서 부동산 투자자 입장에서는 (특히, 인플레이션 발생 전 부동산 매수자) **①은행 대출이 실질적으로 0이 됐기에, 부동산을 훨씬 싼 가격으로 할인받아 매입한 효과와 더불어 ②인플레이션으로 인한 월세 폭등으로 수익률이 상당히 커지는 효과를 보게 됐다.**

실제로 바이마르 공화국 시기에 현금이나 채권을 보유한 이들은 막

대한 손실을 봤지만, 인플레이션이 본격화하기 전에 부동산을 매입한 사람들은 실질가치 보존은 물론 명목상의 자산도 급격하게 증가하는 현상을 겪었다.

2026년 부동산 투자 빅이슈
2

서울 주택 시장 양극화, 슈퍼스타 단지의 출현

특정 소수 단지에 자산가치가 집중되고, 이들이 지속적으로 상위권을 유지하며 나머지 단지들과 점점 격차를 벌리는 구조는 명백히 '시장 내부의 계층화'가 진행되고 있음을 나타낸다. 이는 주거 시장이 더 이상 균질한 공간이 아니며, 시장 참여자의 위치에 따라 기회와 자산 축적 가능성이 구조적으로 달라지고 있다는 것이다.

슈퍼스타 단지 출현의 필연성

누군가는 이렇게 말한다. "서울 아파트 시장은 원래 강남이 다 했다." 틀린 말은 아니다. 하지만 왜 그럴까? 왜 수천 개 단지 중 일부가 시세를 주도하며 투자자들의 관심을 독차지할까? 이 질문에 답하는 개념이 바로 '슈퍼스타 경제학'이다. 이 말은 원래 세계적으로 유명한 가수나 스포츠 선수처럼 대중이 사랑하고 좋아하는 소수가 전체 수익의 대부분을 차지하는 불균등한 보상 구조를 설명할 때 쓰는 개념이다.

하지만 이제 부동산 시장에도 이 논리가 적용되는 듯하다. 미세한 입지 차이, 브랜드 프리미엄, 학군이나 교통 접근성 같은 세부적 요소가 복합적으로 작용하면서 수요가 특정 상위 단지에 몰리고 이러한 단지의 가격이 상상 이상으로 치솟았기 때문이다. 조건이 비슷한 단지가 많은데도 부동산 시장에서는 과도한 프리미엄이 형성되는 소수의 '슈퍼스타 단지'가 출현한다. 이런 현상은 특히 부동산 시장 대세 상승 초기에 생긴다.

슈퍼스타 단지의 출현은 단순한 가격 불균형을 넘어 지역 불균형으로 연결된다. 브랜드의 힘으로 가격이 유지되는 현상도 나타나고 있다. 결국 슈퍼스타 단지의 출현은 "서울 아파트 시장의 불균형과 쏠림 현상을 어떻게 이해해야 하는가?"라는 질문을 해석하는 틀이다. 지금 서울 아파트 시장에서 무슨 일이 벌어지고 있는지 파악하고 싶다면 이 개념을 외면하고 넘어갈 수는 없다.

서울 아파트 시장과 슈퍼스타 경제학

한 아파트 단지의 시가총액을 세대수로 나눠 계산하는 '세대당 평균 가격'은 그 단지가 시장에서 어느 정도의 자산가치를 갖는지 보여주는 핵심 지표다. 이 수치를 통해 약 2,200개에 달하는 서울시 아파트 단지 중 어떤 단지에 자본이 집중되고 있는지 살펴봤다. 2024년 기준 서울 전체 아파트 단지의 세대당 평균 가격은 약 11억 2,000만 원이다. 2009년에는 약 4억 9,000만 원 수준이었으니 15년 사이에 2배 이상 오른 셈이다. 하지만 더 인상적인 부분은 이러한 평균 상승을 이끄는 소수 단지들의 움직임이다.

현재 서울에서 세대당 평균 가격이 가장 비싼 단지는 용산구 한남동 '나인원한남'으로, 약 144억 7,000만 원에 달한다. 2위는 성동구 '아크로서울포레스트'(약 89억 3,000만 원), 3위는 '한남더힐'(약 85억 3,000만 원)이다. 세 곳 모두 브랜드, 입지, 희소성 등에서 독보적인 평가를 받는 대표적인 고급 단지다. 이 같은 상위 단지들은 서울시 평균을 훨씬 뛰어넘는 자산가치를 기록하며 시장 전체 상승을 주도하는 '슈퍼스타 단지'로서 위상을 강화하고 있다. 특히 시장의 최댓값은 2009년 약 32억 원에서 2024년 132억 원 이상으로 급등했다. 고가 단지일수록 더 빠르게, 더 많이 상승하는 구조를 보여준다.

서울시 아파트 단지 수, 세대당 평균가와 최고가 추이(2009~2024년)

연도	아파트 단지 수	세대당 평균가(만 원)	최고가(만 원)
2009	1,783	49,317	328,949
2010	1,833	49,237	331,490
2011	1,886	49,228	366,723
2012	1,915	46,257	363,698
2013	1,946	45,375	366,368
2014	1,976	46,985	378,532
2015	2,000	50,336	378,138
2016	2,027	54,088	380,860
2017	2,056	59,782	388,324
2018	2,083	72,720	406,533
2019	2,106	79,820	610,587
2020	2,131	95,484	633,662
2021	2,152	117,200	723,577
2022	2,172	115,239	1,033,224
2023	2,190	105,588	1,128,006
2024	2,196	112,294	1,326,981

본 분석은 단지별 100세대 이상 아파트만을 대상으로 했다. 이는 단지 규모가 일정 수준 이상일 경우에만 가격 형성과 시가총액 추정이 통계적으로 의미 있고 안정적으로 이뤄질 수 있기 때문이다. 소규모 단지는 거래 빈도나 가격의 대표성이 낮아 분석 결과가 왜곡될 가능성이 있다. 따라서 이를 배제하고 데이터의 신뢰성과 비교 가능성을 확보했다.

다음 시계열 그래프를 보면 이 변화는 더욱 분명히 포착된다. 2010년대 중반에도 상위·하위 단지 간 상승 속도에 다소 차이는 있었지만, 가격 차이는 일정 수준을 유지했다. 그러나 2017년을 기점으로 변화 속도가 확연히 달라졌다. 상위 1%와 5% 단지의 평균 가격은 가파른 상승곡선을 그리며 치고 올라간 반면, 하위 10% 단지의 가격곡선은 사실상 정체하거나 완만한 상승에 그쳤다.

특히 주목할 점은 상위 1% 단지의 시장가치곡선이 2020년 이후 기하급수적으로 상승했다는 점이다. 이는 단순한 자산가치 상승 패턴을 넘어선 것으로, 해당 단지들이 시장에서 독립적인 가격 구조를 형성해나가는 신호로 해석할 수 있다. 이들 단지는 서울시 전체

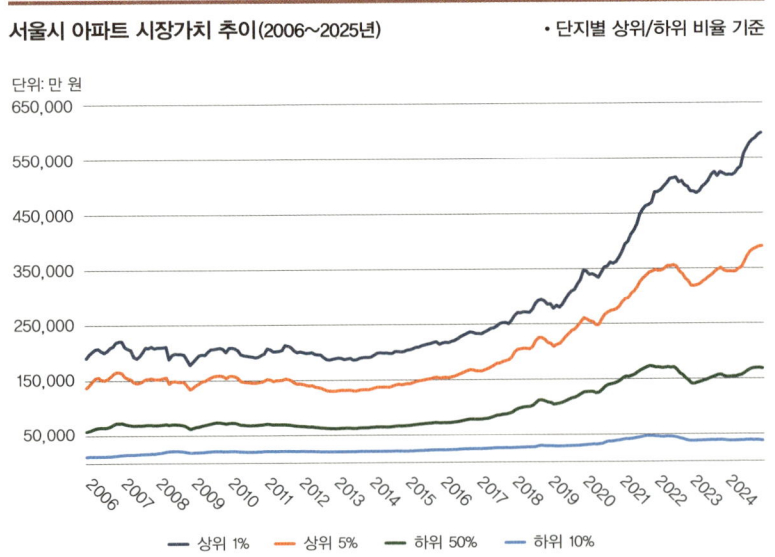

서울시 아파트 시장가치 추이(2006~2025년) • 단지별 상위/하위 비율 기준

주택 시장의 가격 상한선을 설정하는 동시에 다른 단지들의 가격 형성 기준점으로 작용한다. 또한 이들 슈퍼스타 단지는 그저 비싼 주택이 아니라 시장 참여자들 사이에서 '소유 그 자체'가 의미를 갖는 일종의 트로피 자산(Trophy Asset)으로 인식된다. 실거주나 투자 목적 외에도, 희소성과 상징성으로 소유자의 사회적 지위와 경제적 우위를 과시하는 '지위재'로 소비되는 것이다.

반대로 하위 10% 단지는 서울 전체 아파트 시장의 가치 상승 흐름에서 점점 소외되고 있으며 거래량, 관심도, 가격 탄력성 등 모든 측면에서 수동적으로 전락한 모양새다.

다만 지금까지처럼 상대적으로 낮은 상승률이 앞으로도 이어질지는 지켜봐야 한다. 장기간을 두고 분석해보면 서울에서는 언제나 고가주택과 저가주택의 누적상승률이 근접했기 때문이다.

이러한 격차는 가격 수치나 비율뿐 아니라 서울이라는 도시의 공간 구조에서도 선명하게 드러난다. 다음 지도는 세대당 시가총액 기준 상위 5%와 하위 5% 아파트 단지들의 공간적 분포를 보여주는데, 가치가 집중된 지역과 그렇지 않은 지역이 명확하게 구분된다. 상위 5%에 해당하는 아파트 단지들은 대부분 강남구, 서초구, 용산구, 성동구에 밀집해 있다. 이 지역들은 서울에서도 교통, 교육, 업무기능 등 다양한 인프라 측면에서 프리미엄 입지로 평가받는 곳이며, 동시에 다양한 고가 아파트 단지들이 연속적으로 자리하고 있다.

서울시 아파트 세대당 시가총액 상위 5% 및 하위 5% 분포

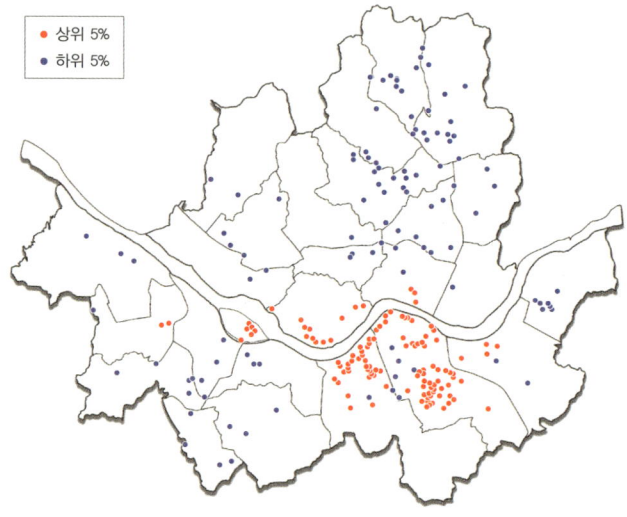

위 지도를 통해 볼 수 있듯이 슈퍼스타 단지들은 단독으로 존재하지 않는다. 이들은 인접한 다른 슈퍼스타 단지와 클러스터를 이루며 일종의 '자산 집중 벨트'를 형성한다. 한남동에서 성수동으로 이어지는 한강변 축, 반포동에서 역삼동과 대치동으로 이어지는 강남 축, 이촌동과 여의도동의 고급 단지 축이 대표적인 예다. 이러한 고가 단지의 집적은 상호 간의 가격 기대를 견고하게 만들고, 이 지역에 대한 외부 투자자의 관심과 내부 거주자의 시장 지배력을 지속하는 메커니즘으로 작동한다.

반면 하위 5% 단지들은 서울 외곽에 산재하며 공간적으로도 분절되고 단절돼 있다. 이들 지역은 도심 접근성이 낮거나 구조적 한계(노후화된 단지, 저밀도 환경, 개발 여건 제약 등)를 안고 있다. 또한 인근에 고가 단지가 없기 때문에 기대 가격을 끌어올릴 만한 외부 효과도 제한된다.

이러한 공간적 불균형은 서울 아파트 시장이 더 이상 '중산층 중심 시장'이 아니라 특정 계층을 중심으로 위계화된 구조로 재편되고 있음을 시사한다. 단지 간 가격 격차는 도시 내에서 '누가 어디에 살 수 있는가'라는 거주 권한의 경계를 형성한다. 나아가 서울시민 개개인의 주거 접근성과 자산 축적 기회를 계층적으로 분리하는 결과로 이어질 수 있다.

따라서 정책당국은 시장의 구조적 고착화를 타개하기 위해 강북권 생활환경 개선과 어메니티 업그레이드에 최선을 다해야 한다. 예를 들어 역삼1동이 있는 블록을 보면 큰 블록의 모퉁이마다 지하철역(강남역-역삼역-언주역-신논현역)이 있다.

그러나 동대문구 일대를 보면 청량리역 동쪽으로 거대한 블록이 있고 중간에 서울시립대학교 등이 있음에도 지하철 대중교통망이 부실하다. 서대문구 역시 독립문역에서 무악재, 홍제역을 거쳐 불광역까지 가는 도로는 출퇴근 시 정체가 상당하다.

이처럼 지하철 대중교통망 개선이 필요함에도 정부는 같은 서울 안에서도 구역에 따라 판이하게 움직인다. 정부에서는 대중교통망 신설에 따른 예산 타당성을 검토할 때 강남을 중심으로 한 노선에서 수익이 많이 나오므로 신규 노선도 그 주변에 배치하려고 한다. 반대로 수익성이 떨어지는 강북 관련 노선은 예산 타당성이 매우 낮게 나와 신규 노선 설립이 용이하지 않다. 이러한 논의는 부자 동네에 더 좋은 교통 인프라를 설치하는 결과로 연결되며 당연히 강남 집값을 상승시킨다. 값비싼 강남 아파트가 문제라고 하면서 오히려 그 주변에 대중교통망을 신설하려는 논의는 매우 큰 모순이다.

양극화가 심화되는 서울 아파트 시장

지금까지 살펴본 서울 아파트 시장의 흐름은 단순 가격 상승이나 일시적인 시장 불균형으로는 설명할 수 없다. 특정 소수 단지에 자산가치가 집중되고, 이들이 지속적으로 상위권을 유지하며 나머지 단지들과 점점 격차를 벌리는 구조는 명백히 '시장 내부의 계층화'가 진행되고 있음을 나타낸다. 이는 주거 시장이 더 이상 균질한 공간이 아니며, 시장 참여자의 위치에 따라 기회와 자산 축적 가능성이 구조적으로 달라지고 있다는 것이다. 이러한 현상은 크게 3가지 차원에서 요약된다.

① 도시 내 주거 접근성의 양극화

고가 단지에 이미 진입한 계층은 자산을 기반으로 해당 입지에 머무르거나 더 나은 지역으로 이동할 수 있지만, 중산층과 청년 세대는 초기 진입 기회조차 점점 제한되고 있다. 이는 가격의 문제를 넘어 교육·일자리·교통 등 도시 자원 접근성과 직결되며, 주거지에 따라 삶의 기회가 구조적으로 분리되는 결과로 이어진다. 주거 공간은 계층을 구분하는 물리적 경계로 변하고, 이는 장기적으로 사회 이동성을 약화시키는 주요 원인이 된다.

②단지별로 다른 시장 정보 확산과 정책 반응 양상

서울 아파트 시장은 고가 단지에 가격 변동성과 관심이 집중되는 경향이 뚜렷하다. 이러한 단지들은 실거래량이 적더라도 언론과 보고서에서 자주 언급되며 '시장 대표 단지'로 기능한다. 반면 하위 단지는 상대적으로 주목도가 낮고 분석 대상에서도 후순위로 밀리는 경우가 많다. 이처럼 시장 내 가시성과 영향력이 단지마다 다르므로 같은 정책이라도 단지별 체감 효과나 반응 강도에 차이가 생길 수 있다. 이러한 격차는 결국 시장 구조에 내재한 '정보와 관심의 비대칭성'을 반영한다.

③부동산 불평등의 구조적 고착화 가능성

서울 아파트 시장에서 단지 간 격차는 시간이 갈수록 커지고 있으며, 일시적인 가격 조정이나 단순 공급 확대만으로는 해결하기가 쉽지 않다. 브랜드, 학군, 조망 등의 요소가 고가 아파트 단지의 가치를 떠받치며, 이들은 점점 더 안정적이고 강한 자산으로 자리 잡고 있다. 하위 단지들은 이러한 프리미엄 구조에서 벗어나 있고, 노후화와 입지 한계로 인해 시장의 관심에서도 점차 멀어진다. 상위와 하위의 격차는 시간이 지날수록 고착되고 서울 주택 시장은 점점 더 계층화된 구조로 재편되고 있다.

구조적 불균형을 깨기 위해서는 앞서 언급한 바와 같이 강남·강북 균형 개발 차원에서 강북 지역에 상당한 인프라 투자가 선행돼야 한다. 현재 주택 시장에서 가장 중요한 요인은 '직주근접'이다. 슈퍼스타 단지는 강남·서초 지역, 여의도, 한남동, 성수동 한강변에 집중돼 있으며, 또 다른 특징은 주요 업무지구 접근성이 매우 우수하다는 점이다. 서울에는 여러 업무지구가 있다. 전통적인 3대 업무지구(광화문 업무지구, 강남 업무지구, 여의도 업무지구) 이외에도 성수 소셜벤처 업무지구, 구로·가산 업무지구, 마곡 업무지구, 상암 업무지구 등이 새롭게 성장했는데 이들의 특징은 강남·서초권역과 함께 2호선을 끼거나 그 내부에 있다는 것이다. 예를 들어 여의도와 한남동, 성수동은 2호선 내부에 있다. 여의도는 3대 업무지구이며 서초·강남 역시 업무지구 그 자체다. 성수동 역시 소셜벤처 업무지구로 성장하고 있으며 수인·분당선을 타고 15분이면 선릉역에 도착한다. 한남동은 강남, 광화문, 여의도 접근성이 탁월하다.

그런데 강북의 여러 주거 지역 중 2호선 외곽과 가까운 업무지구는 광화문 하나뿐이다. 예를 들어 노원구와 은평구에서 강남 출퇴근은 곤욕을 치르나, 광화문은 그럭저럭 출근할 수 있다. 즉 업무지구 자체와 겹치는 강남·서초권역과 달리 2호선 외곽 강북 지역에서는 번듯한 업무지구를 찾기 힘들며, 가장 가까운 업무지구는 광화문이라는 말이다. 다양한 업무지구로 이동이 편한 성수·한남·여의도와는 차원이 다른 직주근접 환경이다. 이에 더해 도시 구조(특히 도로망)는 강남처럼 반듯한 격자형 구조가 아니다. 도로망이 오래된 탓에 자동차 출퇴근 시 상습 정체에 시달린다. 이런 문제는 지하철 교통망으로 극복해야 함에도 예산 타당성이 낮다는 이유로 개발이 막히고 있다.

서울시 시가총액 상위 20개 단지 분포도 출처_네이버 지도

서울시 아파트 시가총액 상위 20개 단지

순위	단지명	1세대당 평균 추정 가격(만 원)
1	용산구 한남동 나인원한남	1,447,022
2	성동구 성수동1가 아크로서울포레스트	893,495
3	용산구 한남동 한남더힐	853,046
4	성동구 성수동1가 한화갤러리아포레	792,543
5	강남구 삼성동 아이파크삼성	666,920
6	강남구 압구정동 신현대	627,554
7	강남구 압구정동 구현대	570,325
8	서초구 반포동 아크로리버파크	550,661
9	서초구 반포동 래미안원베일리	539,984
10	강남구 압구정동 미성1차	517,378
11	강남구 압구정동 한양4차	514,484
12	영등포구 여의도동 서울	507,022
13	강남구 대치동 동부센트레빌	506,830
14	서초구 반포동 래미안원펜타스	504,729
15	강남구 도곡동 타워팰리스1차	498,231
16	서초구 반포동 래미안퍼스티지	495,558
17	용산구 한강로2가 래미안용산더센트럴	479,765
18	용산구 이촌동 LG한강자이	466,348
19	서초구 반포동 반포자이	462,762
20	강남구 도곡동 타워팰리스2차	452,343

결국 강남·북 균형 발전이라는 대의는 공염불에 불과하며, 대한민국 정책 방향은 슈퍼스타 단지를 공고화해 주택 시장 양극화를 부추기는 모양새다. 그러나 우리가 그리는 미래의 서울은 상급지와 하급지라는 혐오스러운 언어로 구분되는 도시가 돼서는 안 된다.

> **Information**
>
> ### 서울 용산 VS 도쿄 아자부다이 힐즈
> ### : 단순 비교와 이식이 위험한 이유
>
>
>
> 아자부다이 힐즈_ArchDaily
>
> 아자부다이 힐즈는 근래 한국인들이 도쿄에 가면 꼭 방문하는 장소 중 하나다. 저층부 쇼핑몰 구성과 건물의 외관 디자인이 매우 참

신하다. 일본 최고의 슈퍼스타 단지라 칭할 만하며, 외양을 놓고 보면 정말 따라 하고픈 개발 프로젝트다. 대한민국의 많은 시·정부 관계자들이 아자부다이 힐즈를 방문한다. 또 일부 공무원들은 종종 '용산을 아자부다이 힐즈처럼 개발해야 한다'라고 이야기한다. 그러나 이는 중대한 사실을 간과한 매우 단편적인 인식에 불과하다. 용산 부지는 국가 소유의 국공유지다. 따라서 공공성이 강하게 반영돼야 하는 곳이다. 반면 아자부다이 힐즈는 일본의 대표 민간 디벨로퍼인 모리 빌딩(Mori Building)이 기획부터 준공까지 무려 35년에 걸쳐 추진한 프로젝트다.

이 프로젝트는 토지 확보만 해도 막대한 시간이 소요됐다. 기존 토지 소유자들에게서 매입하거나, 소유권을 확보하지 못한 경우에는 지분 투자자로 참여시키는 방식으로 조성됐다. 토지 정비, 자본 조달, 운영 방식 모두 민간 주도인 복합개발이었다. 아자부다이 힐즈는 주거, 오피스, 호텔, 리테일, 국제학교 등이 결합한 고밀도 복합개발이며, 공공 목적보다는 수익 극대화가 핵심이었다. 이 프로젝트에 투입된 민간 자본 규모도 어마어마하다. 가격대를 보면 펜트하우스는 약 2,000억 원, 세계적인 럭셔리 호텔 브랜드인 '아만(AMAN)'이 운영하는 레지던스는 한 채당 약 200억 원에 달한다.[5] 이처럼 민간의 수익성 확보를 최우선으로 설계된 개발 모델임을 생각하면 공공성이 전제돼야 하는 용산 부지에 그대로 이식하겠다는 주장은 부적절하다.

물론 용산 개발에도 오피스, 쇼핑몰, 문화시설(예: 아레나), 주거시설이 복합적으로 들어가야 한다. 일부 고가 아파트 개발도 허용될 수 있다. 그러나 국가 토지인 만큼 반드시 공공 관점의 균형이 필요하다. '적정 주택(Affordable Housing)' 공급 비율은 반드시 포함돼야 하며, 개발의 목적은 단순 수익성 극대화가 아닌 사회적 포용력이 있는 도시 구성이어야 한다. 참고로 서울시는 이미 2020~2023년 사이에 '뉴욕 허드슨 야드'처럼 용산 개발을 추진하겠다고 공언한 바 있다. 허드슨 야드는 고급 주거시설일 뿐만 아니라 중산층·서민을 위한 적정 주택 공급이 핵심 구성 요소였다는 점에서 중요한 시사점을 보여준다.

요컨대 2,000억 원짜리 펜트하우스와 200억 원짜리 초고가 아파트로 채운 공간이 서울의 미래 개발 모델이 돼야 한다는 인식은 지나치게 단편적이고 위험하다. 공공성과 민간 투자의 균형, 그리고 사회적 포용력이 있는 도시개발을 함께 고려해야 할 시점이다.

2026년 부동산 투자 빅이슈

3

강남 아파트 신고가에 가려진 거대한 수요

연 소득이 1억 원인 맞벌이 가구는 현재 기준 서울시 25평 중윗값 아파트(노원구를 포함한 강북의 한강 인접 지역, 마용성은 제외)는 레이더에 넣기 충분하다. 즉 수십억 원에 달하는 강남권 슈퍼스타 단지 가격에 매몰되는 순간 아파트 수요가 없으리라 생각할 수 있으나 실제 상황은 전혀 그렇지 않다는 것이다.

60억 신고가는 허상일 뿐이다

2024년 9월 초 부동산 시장을 가장 뜨겁게 달군 뉴스는 서초구 반포동 아파트 전용면적 84㎡(33평형) 가격이 60억 원을 찍으며 신고가를 달성한 것이었다. 해당 아파트의 동일 평형은 2024년 6월 49억 8,000만 원에 도달한 후 7월에는 55억 원, 그리고 두 달 후인 9월 초 60억 원에 거래됐다. 불과 3개월 만에 10억 원이 상승한 것이다. 해당 아파트는 2025년 2월 66억 원에 거래된 사례가 나오기도 했다. 이 뉴스를 접한 독자들에게 한 가지 질문을 던지고 싶다.

"2025년 2분기에 거래된 서울시 아파트의 중윗값은 얼마인가?"

만약 이 수치를 모른다면 부동산 시장의 정보 전달 체계에 문제가 있다고 봐야 한다. 부동산 시장 참여자에게는 시장의 평균치 주택 가격에 대한 정보가 더 자주, 광범위하게 전달돼야 한다. 그런데도 아주 극소수만 매입할 수 있는(LTV 50%라고 가정할 때 자기 자본 30억 원 현찰이 있어야 한다) 초고가 아파트 가격만 알고 있기 때문이다.

이는 실험경제학에서 이야기하는 '앵커링 효과(Anchoring Effect)' 와 연결된다. 앵커링 효과는 경제학에서 인지적 편향을 조성하는 요인 중 하나로, 사람들이 특정 숫자나 정보에 노출되면 그 숫자를 기준으로 판단을 내리는 경향을 뜻한다. 초기에 제시된 정보(앵커)

가 이후 의사결정에 강력한 영향을 미친다는 것이다. 예를 들어 실험 참여자에게 "이 나무 높이가 100m 이상인가요?"라고 물은 후, "이 나무의 실제 높이는 얼마일까요?"라고 하면 많은 사람이 100m라는 숫자에 앵커를 박고 실제 높이보다 과대평가하는 경향이 있다. 만약 질문을 약간 바꿔 "이 나무는 30m 이상인가요?"라고 한다면 '100m'를 언급할 때보다 낮은 수치를 말할 가능성이 크다. 이러한 앵커링 효과는 부동산 시장에서 부작용으로 나타날 수 있다.

50억 원 아파트가 60억 원이 됐다는 정보를 자주 접하면 "33평 아파트가 60억"이라는 액수에 앵커링이 될 수 있다. 이는 두 가지 측면에서 시장 참여자들에게 잘못된 인식을 심을 수 있다.

① 매우 높은 가격에 대한 앵커링 효과

50억 원대 이상 초고가 아파트 가격이 자주 언급되면, 사람들이 '아파트 가격은 이 정도가 당연하다'라는 잘못된 기준을 세울 수 있다. 강남처럼 부유층이 거주하는 특정 지역의 초고가 아파트 가격이 마치 시장 전체를 대변하는 것처럼 인식하게 되는 것이다. 그러나 이러한 가격대는 전체 거래 중 극소수에 불과하며, 주택 시장 실태와 거리가 멀다. 예를 들어 실수요자 대다수가 접근할 수 있는 아파트 가격대는 훨씬 낮음에도 불구하고, 초고가 아파트의 가격 상승 소식만이 집중 보도되면서 '서울 아파트는 모두 비싸다'라는 잘못된 고정관념을 갖게 되는 것이다. 이로 인해 주택 구입을 고려하는 사람들은 현실과 동떨어진 기대를 품게 되거나, 자신이 사는 지역의 합리적인 가격 범위조차 과대평가할 수 있다.

② 가격의 절대적 상승치에 대한 앵커링 효과

55억 원에서 60억 원으로 무려 5억 원이 상승했다는 기사는 사람들에게 해당 아파트가 매우 큰 폭으로 상승했다는 인식을 심어준다. 하지만 중요한 것은 이 5억 원이라는 숫자가 시장 전체에서 갖는 의미다. 50억 원 이상 초고가 아파트에서 5억 원 상승은 상대적으로 작은 비율(10%)일 수 있지만, 5억 원이라는 금액 자체가 부각되면 사람들은 '집값이 단기간에 크게 오르고 있다'라는 인상을 받게 된다. 예를 들어 중저가 아파트가 5억 원에서 6억 원으로 1억 원 상승하는 것(20% 폭등)이 비율상 더 큰 변동임에도 불구하고, 초고가 아파트의 거래(10% 상승)가 중점 보도되면 이 중요한 맥락이 무시된다.

이러한 앵커링 효과는 처음으로 집을 구입하려는 실수요자나 투자자들에게 과도한 불안감과 기대감을 동시에 불러일으킬 수 있다. 초고가 아파트 가격 변동은 시장 전체를 대변하지 못함에도 불구하고 언론의 집중 보도로 인해 시장이 급격히 상승하고 있다는 잘못된 인식을 갖게 될지 모른다. 이는 주택 구입을 앞당기거나 비합리적인 결정을 유도하는 결과를 낳는다. 결과적으로 이러한 앵커링 효과는 한국 부동산 시장에서 사람들의 의사결정을 왜곡하고 시장을 비정상적으로 과열시킬 수 있다. 이 연장선상에 나타나는 다음 질문은 이렇다.

"서울 아파트 가격이 이렇게 비싼데, 사람들이 어떻게 사겠는가?"

즉 비싼 가격 때문에 아파트를 매입할 수요가 없다는 주장이다. 그런데 정말 수요층이 없을까? 서울 아파트 시장의 중윗값을 안다면 누군가에겐 충분히 고려할 만한 가격대임을 알 수 있다.

서울 30평대 아파트 중윗값을 살펴보자. 2025년 2분기 전체 아파트 중윗값은 12억 1,000만 원이다. 고가주택 지역인 강남구는 26억 7,000만 원, 서민주택 중심인 노원구는 8억 1,000만 원이다. 60억 원이라는 엄청난 가격에 경도되면 서울시 아파트 가격이 모두 상당할 거라고 여길 수 있다. 그러나 다시 한 번 말하자면 서울시 전체에서 거래된 30평대 아파트 중윗값은 12억 1,000만 원으로 60억 원과 비교하면 20% 수준이다. 또한 서울시 25개 구 중에서 아파트 거래량이 압도적으로 많은 노원구 중윗값 역시 60억 원의 13~14% 수준인 8억 1,000만 원이다.

거래 비중이 크고 사회초년생과 3인 가구가 선호하는 25평대 가격은 더욱 낮다. 2025년 2분기 서울 전체 20평대 아파트 중윗값은 8억 9,000만 원이며 강남구는 21억 5,000만 원, 노원구는 5억 9,900만 원이다. 물론 경제적 여건에 따라 서울시와 노원구 중윗값

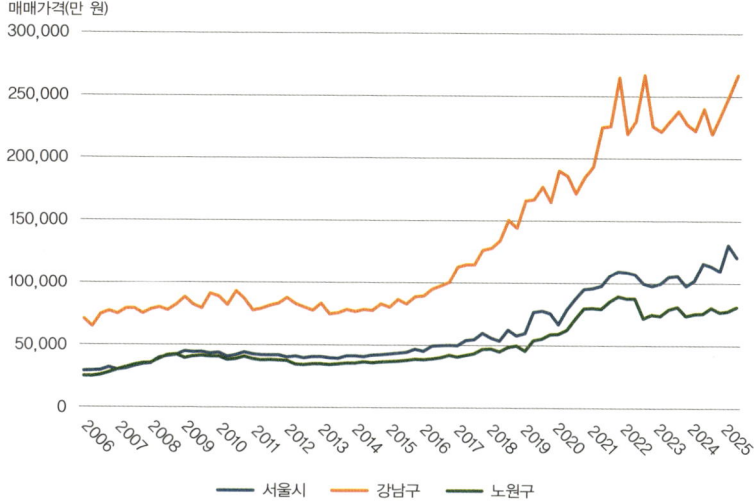

30평대 아파트 분기별 중윗값(2006~2025년)

도 상당히 큰 금액일 수 있으나, 현실적으로 어느 정도인지 함께 살펴보자.

예를 들어 2022년 서울시 1인당 평균 근로소득은 4,851만 원이었다. 부부가 맞벌이로 일하는 가정의 연 소득은 대략 1억 원이라 가정하자.

그리고 20평대 중윗값 아파트(8억 9,000만 원)를 사면서 4% 이자(30년 만기) 주택담보대출을 받는다고 치자. LTV는 대개 60%로, 8억 9,000만 원 주택이면 약 5억 3,000만 원까지 대출이 가능하다. 일반적으로 본인 수입의 30%를 주택거주비(월세 혹은 주택담보대출

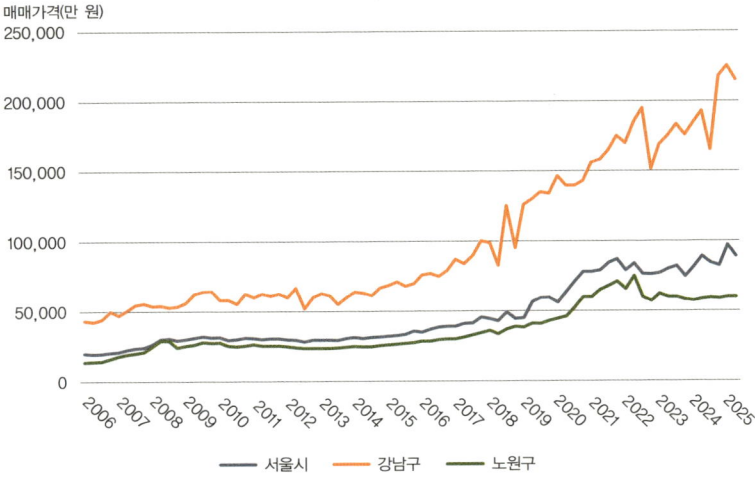

20평대 아파트 분기별 중윗값(2006~2025년)

이자)로 지불한다(물론 뉴욕 같은 도시는 이제 30%가 아니라 40%가 적정 주거비 비율이라고 본다).

그렇다면 2인 맞벌이 가구가 부담할 수 있는 월 주거비는 다음과 같다.

1억 원(연 소득)×30%=연 3,000만 원(월 250만 원)

만약 8억 9,000만 원짜리 아파트를 매입하는데 5억 3,000만 원을 대출받았다면 두 가지 옵션이 있다.

> ① 원리금 균등상환(원금과 이자의 합을 매월 균등하게 지불하는 대출): 매월 약 253만 원 지불
>
> ② 이자 상환(원금은 유지하고 이자만 지불하는 대출): 매월 약 177만 원 지불
> 대출금 5억 3,000만 원×4%=1년 이자 2,120만 원
> 2,120만 원÷12개월=매월 약 176만 7,000원

　서울시 25평 중윗값 아파트(8억 9,000만 원)를 매입할 경우, 주거비로 월 250만 원까지 부담할 수 있는 가구가 원리금 균등상환대출을 이용하면 매달 약 253만 원을 부담하게 된다. 또한 이자 상환 대출을 선택한다면 부담액은 매월 177만 원으로 훨씬 줄어든다. 따라서 연 소득이 1억 원인 맞벌이 가구는 큰 부담 없이 예상 범위 안에서 서울시 25평 중윗값 아파트 매입에 참여할 수 있다.

　노원구 소재 25평 중윗값 아파트는 더욱 부담이 없다. 만약 6억 원 아파트를 매입하려고 한다면 대출 가능 금액은 3억 6,000만 원(6억 원×60%)이다. 이 경우 이자는 다음과 같다.

> ① 원리금 균등상환: 매월 172만 원 지불
>
> ② 이자 상환: 매월 120만 원 지불
> 대출금 3억 6,000만 원×4%=1년 이자 1,440만 원
> 1,440만 원÷12개월=매월 120만 원

이렇듯 연 소득이 1억 원인 맞벌이 가구에게 노원구 25평 중윗값 아파트는 과도한 무리가 되지 않는 수준이다. 250만 원까지 지불할 의사가 있는 가구에게 월 120만 원(이자 상환 상품)~172만 원(원리금 균등상환 상품)은 일반적인 인식에 비해 낮기 때문이다.

따라서 결과적으로 연 소득이 1억 원인 맞벌이 가구는 현재 기준 서울시 25평 중윗값 아파트(노원구를 포함한 강북의 한강 인접 지역, 마용성은 제외)는 레이더에 넣기 충분하다.

즉 수십억 원에 달하는 강남권 슈퍼스타 단지 가격에 매몰되는 순간 아파트 수요가 없으리라 생각할 수 있으나 실제 상황은 전혀 그렇지 않다는 것이다.

강남권 아파트가 급등하고 시장 트렌드가 변화했다고 판단하는 순간, 서울시 평균소득(2인 기준 연 1억 원) 수준의 거대한 수요가 9억 원 이하 강북권 아파트 매입에 대거 참여할 수 있다.

서울은 대한민국의 강력한 경제 파워하우스이며, 서울시민의 소득은(물론 인플레이션으로 힘들지만, 명목소득은) 증가하고 있다. 따라서 우리가 중위 아파트 가격에 집중해 시장을 살핀다면 충분한 수요가 있다는 점을 명심해야 한다.

현시점에 우리가 눈여겨봐야 할 부분은 빠른 중윗값 상승세다. 아파트 평형대 거래 비율에 따라 중윗값은 변동될 수 있으나 전반적으로는 우상향이다. 서울시 아파트 중윗값은 2024년 2분기(10억 원)부터 2025년 1분기(11억 4,000만 원)까지 누적상승률이 11.4%에

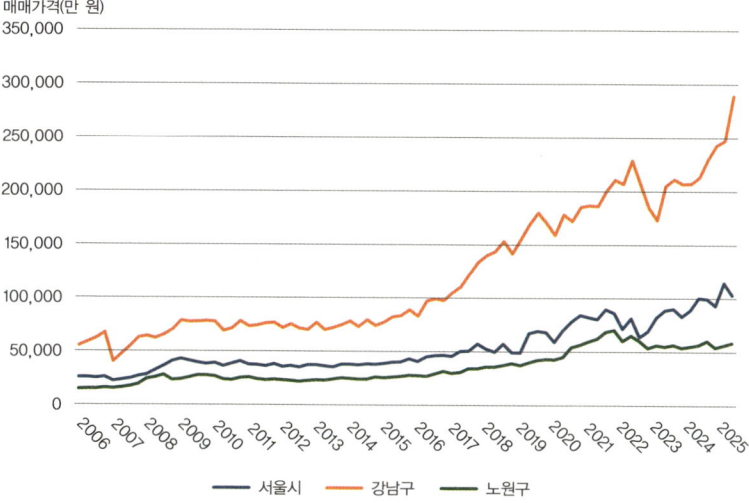

서울시·강남구·노원구 아파트 매매 중윗값(2006~2025년)

달한다. 2025년 2분기에는 다소 주춤해 10억 3,000만 원으로 하락했지만 향후 지속적인 금리 인하와 입주 물량 부족으로 인해 2025년 1분기 가격대로 회복할 가능성이 있다. 앵커링 효과로 인한 가격 착시 가능성도 문제지만, 실제 가격이 빠르게 상승하는 현실에 대한 정책적 대응 역시 시급하다.

이러한 문제점을 해결하기 위해서는 중윗값처럼 대표적이고 균형 잡힌 지표를 기반으로 부동산 시장을 분석하고 공유하는 것이 필요하다. 미국을 포함한 해외에서는 부동산 시장을 분석할 때 중윗값을 주요 지표로 사용한다. 중윗값은 주택 가격 분포에서 중앙에 있는 값을 뜻하며, 일부 극단적인 고가 또는 저가 거래가 시장 전체를 대표하지 않도록 하는 데 유용하기 때문이다.

> **Information**
>
> ### 도쿄 부동산 시장, 과연 '잃어버린 30년'인가?
>
> 서초구 슈퍼스타 단지에서 발생한 60억 원대 거래 사례가 서울 아파트 시장 전반에 '앵커링 효과(Anchoring Effect)'를 유발했다면 일본에 대한 오랜 인식, 즉 '잃어버린 20년' 혹은 '잃어버린 30년'은 도쿄 부동산 시장에 대한 잘못된 이해를 낳는다. 많은 사람이 일본은 1990년대 중반 이후 장기간 경기 침체를 겪었고 부동산 시장 역시 지속적인 하락세를 이어왔으리라고 생각한다.
> 실제로도 그럴까? 2020년 이후에도 도쿄의 아파트와 주택 가격이 1990년대의 하락 추세를 답습하고 있을까?
> 결론은 정반대다. 2020년 이후 도쿄의 아파트 가격은 매우 가파르게 상승하고 있다. 팬데믹 이후에는 오히려 새로운 상승 국면에 접어들었다. 사람들이 이러한 현실을 직시하지 못하는 이유는 과거의 인식에 과도하게 의존한 나머지 지각 왜곡(Cognitive Distortion)이 발생했기 때문이다. 그 결과 도쿄 부동산 시장의 현재 흐름을 정확히 읽어내지 못하는 것이다.
> 일본부동산연구소(JREI)가 발표한 '주택가격지수'에 따르면 도쿄 부동산 시장은 1990년대 초반부터 급격한 하락을 겪었고 이후 약 20

년간 하락세가 지속됐다. 이는 이른바 '잃어버린 20년'이 도쿄 부동산 시장에 그대로 적용된다는 점을 보여준다. (참고로 JREI의 주택가격지수는 우리나라의 아파트 가격지수와 유사한 방식으로 계산된다.)

그러나 2013년 이후 도쿄 부동산 시장은 이전과 완전히 다른 양상을 보이고 있다. 2013년을 기점 삼아 가격이 상승세로 돌아선 후 도쿄의 주택 가격은 꾸준히 상승 중이며, 특히 2020년 이후 상승세는 매우 가파르다. 2025년 3월 기준 도쿄의 주택 가격은 2020년 대비 50%나 폭등한 상황이다.

다만 여기서 주목할 점은 이러한 상승에도 불구하고 아직 1990년대 초 버블 경제 당시 가격 수준에는 미치지 못한다는 것이다. 당시 일본의 부동산 시장에서는 자기 자본 없이도 주택을 매입할 수 있을 정도로 무분별한 대출이 제공됐고, 그 결과 상상을 초월하는 버블이 형성됐다. 버블이 꺼지는 데만 약 20년이 걸렸다. 이 버블은 2013년을 기점으로 소멸하고 시장은 바닥을 지나 반등하기 시작했다.

이러한 가격 상승 패턴은 도쿄에만 국한된 현상이 아니다. 오사카 역시 유사한 흐름을 보이고 있으며 도쿄와 오사카 모두 '맨션'(한국의 아파트에 해당, 이하 아파트) 임대료와 매매가격이 꾸준히 상승하는 추세다.

임대료와 분양가 모두 동반 상승 중

일본 최대 부동산 포털 SUMMO와 민간 데이터 기관 Tokyo Kantei의 자료에 따르면 도쿄 신축 아파트의 평균 분양가는 1억 1,150만 엔(한화 약 11억 1,500만 원), 구축 아파트의 평균 가격은 1억 1,019만 엔(한화 약 11억 190만 원)에 이른다.

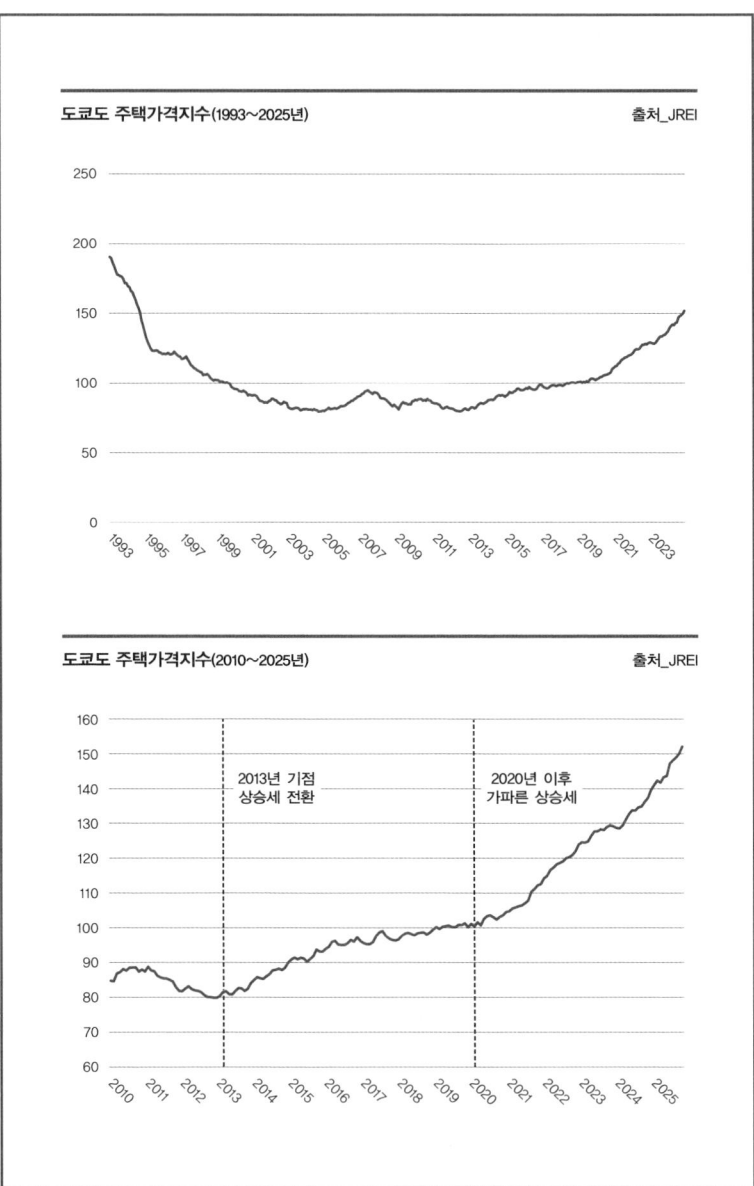

일본에서는 일반적인 중산층의 연간 소득을 800만 엔(약 8,000만 원) 수준으로 보고 있으며 소득 대비 주택 가격 비율(PIR)의 적정 기준은 7배로 간주한다. 하지만 현재 도쿄의 주택 가격이 11억 원 이상에 달하면서 PIR은 중산층 기준으로 14배에 이른다.[6] 특히 도쿄 중심지에서는 이 비율이 무려 36배까지 치솟아 일반적인 중산층 가구가 도쿄에서 아파트를 구입하기가 매우 힘들어졌다. 일본에서는 이를 큰 사회문제로 인식 중이다.

도쿄 아파트 가격 상승 원인으로는 다음 3가지를 꼽는다.

① 도쿄 시내(23구)에 대한 수요 증가
② 신축 아파트(맨션) 공급 감소
③ 저금리 환경과 투자 수요 상승

그런데 도쿄 아파트 가격 상승의 3가지 원인은 우리가 현재 직면한 서울 아파트 가격 급등 요인과 정확히 일치한다. 서울에서는 ①풍부한 아파트 대기수요, ②저조한 공급 물량, ③저금리로 인한 유동성 상승을 불러왔다.

도쿄에는 맨션(아파트) 외에 단독주택 시장도 있다. 단독주택의 상승 폭은 아파트에 비해 다소 완만하지만 상승 흐름은 확연하다. 실제로 2020년 대비 2024년 말까지 도쿄의 단독주택 가격은 약 24% 상승한 것으로 집계된다.[7]

럭셔리 아파트 가격 급등:
롯폰기 힐즈, 토라노몬 힐즈, 아자부다이 힐즈

도쿄 소재 럭셔리 아파트 가격을 살펴보면 가격 트렌드를 한층 더 깊이 이해할 수 있다. 도쿄를 대표하는 거대 재개발 사례인 롯폰기 힐즈에는 롯폰기 힐즈 레지던스(한국의 아파트)가 있다. 해당 아파트 평당가는 2016년 291만 엔(약 2,910만 원)에서 2025년 629만 엔(약 6,290만 원)으로 2배 이상 상승했다.

인근의 토라노몬 힐즈 레지덴셜 타워의 가격 상승은 더욱 눈에 띈다. 2023년 5월 기준 533만 엔(약 5,330만 원)이었던 평당가가 2025년 5월에는 963만 엔(약 9,630만 원)에 이르러, 불과 2년 만에 2배에 가까운 폭등세를 기록했다.[8]

이러한 데이터는 다음 사실을 분명히 보여준다.

"일본은 인구가 줄고 있으니 도쿄 부동산 가격도 하락할 것이다"라는 주장은 사실과 전혀 부합하지 않으며, "잃어버린 20년으로 도쿄 부동산 시장이 이미 몰락했다"라는 주장도 근거 없는 가짜뉴스에 불과하다는 것이다.

팩트는 명확하다. 도쿄 아파트 시장은 2013년을 기점으로 저점을 지나 반등했으며, 특히 2020년 이후 상승세는 매우 가파르다.

2026년 부동산 투자 빅이슈
4

현재도, 앞으로도
공급이 문제다

서울은 2010~2024년 연평균 약 3만 3,000세대 수준에서 공급됐으며, 2025년에는 평균 수준인 약 3만 7,000세대가 공급된다. 그러나 2026년 약 1만 8,000세대, 2027년 8,000세대, 2028년 5,000세대, 2029년 999세대로 급감할 예정이다.

필자는 2년 전인 2023년 가을부터 서울시 아파트 입주 물량 부족 사태의 심각성을 지속적으로 지적해왔다.

"(서울시) 입주 물량이 이 정도로 부족한 경우, 2025년 이후 전세 가격이 상승 압력을 받을 수 있으며 이는 매매가격으로 전가될 수 있다. 따라서 서울 부동산 시장의 미래는 대폭락의 2022년 상황과 정반대가 될 가능성이 매우 크다."

_《부동산 트렌드 2024》 41쪽

더 큰 심각성은 이런 입주 물량 부족이 단기간에 풀릴 문제가 아니라는 데 있다. 이는 구조적인 문제일 수밖에 없다. 과거 국토교통부 장관이 아파트를 빵처럼 찍어낼 수 있으면 좋겠다고 푸념한 것이 단적인 사례다. 그러나 이를 100% 해결하지는 못하더라도 최소한 시도는 가능하다. 필자가 꾸준히 지적했듯 '대규모 분양 시장'을 열어 '(부동산 가격이 결정되는) 기축 시장'의 수요를 옮겨야 한다. 이번 이슈에서는 서울시 아파트와 빌라 입주 물량의 심각성, 그리고 마찬가지로 심각한 전국 단위의 공급 상황을 면밀히 살펴보고자 한다.

전국 아파트 입주 물량 절멸

전국 아파트 입주 물량은 단순하게 정리된다.

"2018년 정점 후 '공급 절벽' 도래, 2025년 이후 전국적으로 주요 권역 입주 물량 급감."

다만 우리가 여기서 명심해야 할 부분은 전국 대다수 광역시에서 입주 물량이 급감하는 상황에도 여러 이면이 있다는 것이다. 광역시에는 (인구 감소세가 강한 탓에) 기본적으로 수요가 줄어드는 지역도 있고, 대규모 미분양 물량이 남은 지역도 있다. 따라서 미래 입주 물량이 부족하다는 점이 지방 광역시 아파트 시장이 좋아질 거라는 결론으로 곧장 연결되지 않는다. 오히려 지금처럼 지역 인구 감소 패턴이 강하게 나타나는 가운데 지나치게 많은 건설회사가 활동한다면 구조조정을 통해서라도 부동산 업계 전체를 탈바꿈시켜야 한다. 수익을 제대로 낼 수 있는 건전한 디벨로퍼와 시공사의 시장 참여를 북돋기 위해서라도 지방에서는 창조적 파괴를 통한 구조조정이 필요하다.

데이터의 흐름을 보면 전국 아파트 입주 물량 규모는 2010년 약 30만 2,000세대에서 2018년 약 46만 5,000세대로 증가하며 최고치를 기록했다. 2021년 이후로는 서서히 하락세로 전환돼 2024년

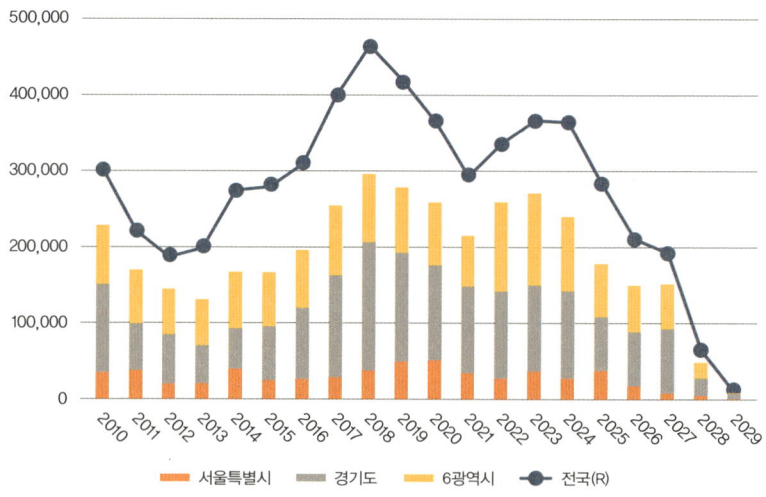

전국 아파트 입주 물량 추이와 예상치(2010~2029년)   자료 출처_부동산R114, 아실, 자체 조사

에는 약 36만 4,000세대 수준을 유지했다. 2010년부터 2024년까지 연평균 전국 입주 물량은 대략 32만 세대다.

그런데 앞으로는 어떨까? 2025년 이후에는 그 규모가 급격히 줄어들어 2025년에는 약 28만 3000세대, 2026년 약 21만 1,000세대, 2027년 약 19만 3,000세대, 2028년 약 6만 5,000세대에 그칠 것으로 분석된다. 물량이 급격히 줄어드는 모양새다.

공급 축소 현상은 서울시, 경기도, 6개 광역시 등 전국에 걸쳐 일관되게 나타나고 있다.

- 서울은 2010~2024년 연평균 약 3만 3,000세대 수준에서 공급 됐으며, 2025년에는 평균 수준인 약 3만 7,000세대가 공급된다. 그러나 2026년 약 1만 8,000세대, 2027년 8,000세대, 2028년 5,000세대, 2029년 999세대로 급감할 예정이다.
- 경기도는 같은 기간 연평균 약 10만 2,000세대가 공급됐다. 2025~2026년에는 각각 약 7만 세대, 2028년에는 약 2만 2,000세대가 예정돼 수도권 전체의 주택 수급 불균형이 우려된다.
- 6개 광역시도 연평균 약 8만 3,000세대에서 2025년 약 7만 1,000세대, 2026년 6만 1,000세대, 2027년 5만 9,000세대, 그리고 2028년 2만 1,000세대로 꾸준한 감소가 예상된다.

구조적인 공급 부족에 시달리는 서울시

2010~2024년 서울의 연평균 아파트 입주 공급량은 약 3만 3,000세대였다. 이를 '장기 균형 공급 물량'으로 여길 수 있다. 3만 3,000세대를 기준으로 이 수치보다 지나치게 적은 경우 공급 부족으로, 반대로 많으면 공급 과잉으로 볼 수 있다. 여기서 일부 독자들은 서울에 주택 자체가 충분한데 왜 굳이 매년 3만 3,000세대가 새로 공급돼야 하는지 궁금할 것이다. 그러나 주택 수요에는 인구(서울은 세대수)와 더불어 '소득'이 고려돼야 한다는 점을 주지할 필요가 있다.

어떤 사람의 연 소득이 1억 원에서 10억 원이 되면 그는 더 이상 5억 원 상당의 구축 주택을 고려하지 않는다. 프리미엄을 더 주고서라도 신축 주택에 살겠다는 욕망이 커질 수밖에 없다. 즉 서울시민의 소득 수준이 올라가고 양질의 주택에 대한 수요가 늘어난다면, 정책당국이 해야 할 일은 주택을 꾸준히 공급하는 것이다.

2026년 서울시 입주 물량은 약 1만 8,000세대로 균형 공급량의 절반 수준이며, 2027년 8,516세대(균형 대비 약 25% 수준), 2028년 5,477세대(약 17% 수준), 2029년 999세대(약 3% 수준)로 급격히 축소될 전망이다. 이러한 상황에서 신규 입주 물량 감소는 당연히 소비자의 시장 참여에 영향을 준다. 모든 정보가 공개된 시장에서 합리적 소비자들과 자신의 소득이 오르리라 확신하는 소비층은 과거의 가격보다는 미래의 공급 수준과 이로 인한 미래 가격을 보고 시장에 뛰어들지 모른다.

2025년 가을 이후 서울시 아파트 시장의 흐름이 경기 전반과 다르게 움직이기 시작한다면 이는 '분양 시장'에 적절한 대비를 하지 못한 서울시 정부의 무능과 실책 탓이다. 정부에 대한 시민들의 신뢰가 무너진다면 시장은 다시 한 번 상승 방향으로 움직일 가능성이 크다. ==시장 실패(인플레이션으로 인한 시공비·토지비 상승과 공급 감소 가능성)에 더해 정부 실패(서울시의 무능으로 2023년 이후 분양 시장에 대한 대비 부족)까지 더해지면 시장은 비합리적으로 움직일 수밖에 없다.==

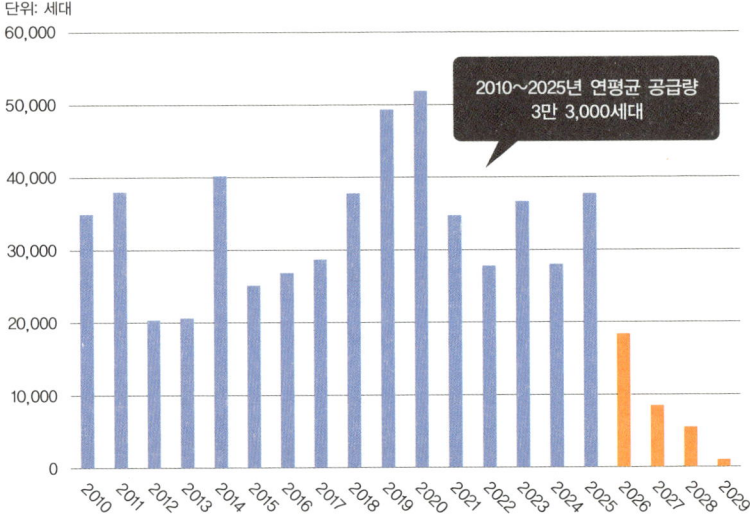

서울시 아파트 입주 물량 추이와 예상치(2010~2029년)

권역별 편중으로 더욱 심각해진 서울 아파트 공백

2025년부터 2028년까지 서울시 권역별 아파트 입주 예정 물량은 '극단적 편중'과 '급격한 감소'라는 두 가지 구조적 문제를 그대로 드러낸다. 2025년 서울시 전체 입주 물량 약 3만 7,000세대 중 서울 동북권이 약 1만 9,000세대(51%), 동남권이 약 1만 2,000세대(33%)로 두 권역이 무려 84%(3만 1,000세대)를 차지한다. 반면 서남권은 약 2,700세대(7%), 서북권은 약 2,500세대(6%) 수준에 불과해 서울 서부 및 도심 지역의 주거 공급 공백이 극명하게 드러난다.

서울시 권역별 아파트 입주 물량(2025~2029년)

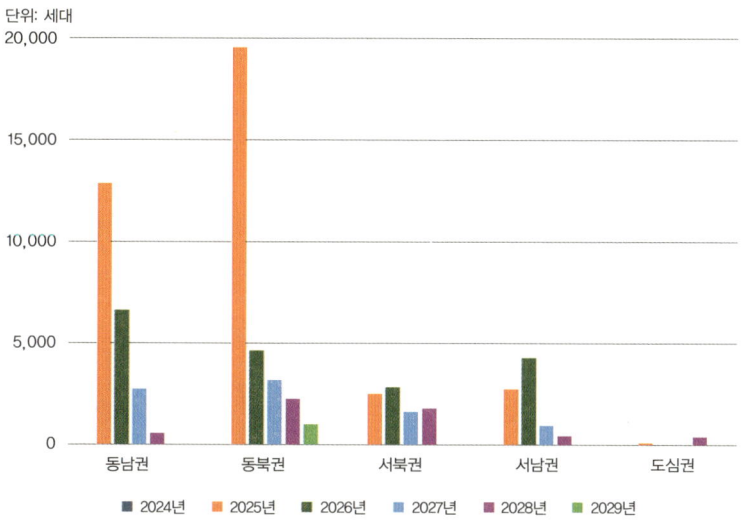

2026년도 마찬가지다. 예정된 총입주 물량 약 1만 8,000세대 중 동남권(약 6,600세대)과 동북권(약 4,639세대) 물량이 60% 수준이다. 2027년과 2028년에도 이 흐름은 지속되는데, 2027년 전체 물량 약 8,500세대 중 동남권이 약 2,700세대, 동북권이 약 3,100세대로 70%에 달하는 물량이 동부에 몰려 있다. 도심권은 공급이 아예 없고 서남권은 900세대, 서북권은 1,600세대 수준으로 아주 저조하다.

2028년에는 서울시 아파트 입주 물량 자체가 6,000세대 이하로 떨어진다. 입주 물량이 1만 세대 이하가 되는 건 2010년 이후 최초로 벌어지는 사건이다. 2010년대 초반 부동산 경기가 나빴던 시절에도 연간 공급량이 2만 세대 이하로 줄어든 적은 없다.

2028년에는 대략 동남권 500세대, 동북권 2,200세대, 서남권 400세대, 서북권 1,700세대, 도심권 400세대가 공급될 예정이다. 2029년은 시점이 멀긴 하나 현재 집계된 물량은 약 1,000세대에 불과하다.

종합하자면 2026년부터 2029년까지 공급될 서울시 아파트 총물량 약 3만 3,000세대 중 동부권에서 나오는 물량(약 2만 세대)이 3분의 2 수준이다. 서부권은 인구 대비 저조한 물량이 나올 것으로 예상된다. 결국 앞으로 예정된 서울시 입주 물량의 양상은 명확하다. 첫째는 2029년까지 공급 급감이 지속된다는 사실이고, 둘째는 서울 권역 내 입주량의 현격한 차이가 시장에 차별적 영향을 줄 것이라는 점이다.

빌라마저 턱없이 부족한 서울시

입주 물량이란 '당해연도 준공된 아파트 혹은 빌라의 수'로, 새로 지은 주택에 입주할 수 있는 세대수를 뜻한다. 이러한 미래 입주 물량을 알려주는 가늠자는 '착공 물량'이다. 대개 아파트 착공에 들어가면 3~4년 시차를 두고 준공되기 때문이다. 물론 시공비 급등이나 경기 후퇴처럼 외부 쇼크가 일어나면 준공과 입주 시기가 지연될 수 있다. 그러나 2025년 현재 착공 물량이 시사하는 바는 매우 크다.

서울시 전체 물량을 아파트와 빌라로 나눠 볼 때, 두 유형의 착공 물량은 2010년대에 연평균 8~9만 채 수준을 유지해왔다. 그러나 2020년부터 그 숫자도 하락세에 있다.

> 서울시 아파트·빌라 착공 물량(2020~2025년)
>
> 2020년: 약 6만 8,000채
> 2021년: 약 6만 9,000채
> 2022년: 약 6만 3,000채
> 2023년: 약 2만 8,000채
> 2024년: 약 2만 6,000채
> 2025년(상반기): 약 1만 2,900채

자료를 살펴보면 2025년에는 2분기까지 약 1만 2,900채에 불과하다. 즉 공급 물량 급감은 입주 물량뿐만 아니라 입주 물량의 선행지표인 착공 물량에도 이미 나타나는 중이다. 착공 물량 패턴을 보면 공급 부족은 이미 구조적인 상황에 접어든 것이다. 빌라와 아파트 착공이 동반 급감함에 따라 단기·중기 공급 절벽 문제가 가속될 것이다.

빌라만 다시 한 번 들여다보자. 아파트는 착공 후 준공까지 3~4년이 소요되나, 빌라는 대개 해당연도 착공 물량과 준공 물량에 큰 차이가 없다. 빌라 개발에는 보통 1년 이하로 짧은 시간이 걸리기 때

서울시 아파트·빌라 착공 물량 추이(2015~2025년 3월)
출처_KOSIS(「주택건설실적통계」, 국토교통부), 2025

문이다. 빌라 착공과 준공 물량이 거의 같다는 가정하에 분석하면 서울시 빌라 시장의 공급량 역시 매우 심각함을 알 수 있다. 2011년~2019년 빌라의 연평균 착공량은 약 4만 세대(준공량도 유사)다. 그런데 2023년 이후 착공량은 처참한 수준이다.

서울시 빌라 연평균 착공량(2023~2025년)

2023년: 약 5,800세대
2024년: 약 4,200세대
2025년: 약 2,200세대(6월까지)

서울시 빌라 착공 물량 추이 (2011~2025년 3월)
출처_KOSIS(『주택건설실적통계』, 국토교통부), 2025

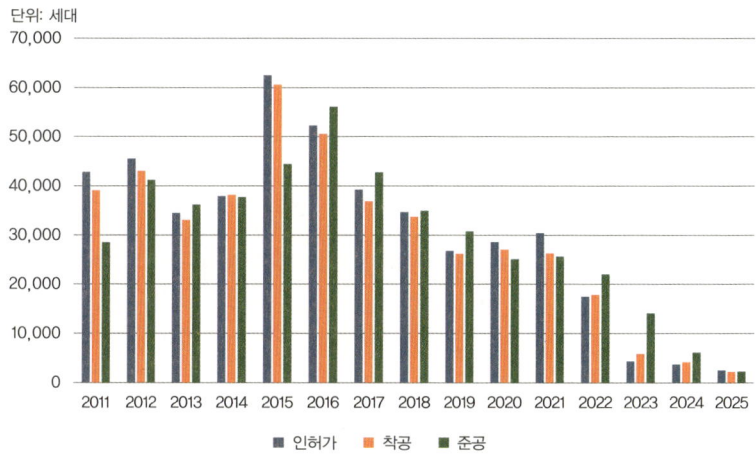

서울시 전체 공급 중 거의 절반을 차지하는 빌라는 서민주택을 담당하는 만큼 꾸준히 시장에 공급돼야 한다. 모든 사람이 아파트를 살 수 있는 소득을 갖추지는 못하기 때문이다. 앞서 살펴본 대로 현재 서울시는 ①아파트 미래 입주 물량, ②아파트 현재 착공 물량, ③빌라 현재 착공 물량 모두 급감하는 상황을 겪고 있다. 이러한 공급 측면의 구조적 문제는 경기 상황과 상관없이 시장에 영향을 미친다.

전세사기 여파가 큰 와중에도 어쩔 수 없이 빌라에 살고자 하는 수요층이 있는 한, 공급 절벽으로 인해 빌라 전·월세(임대) 가격 상승 압박이 생길 것이다. 또한 그중 일부는 '이 가격으로 빌라에 사느니 아파트에서 살겠어.'라고 마음먹으며 아파트 전·월세 시장으로 이동할 수 있다. 빌라 임대차 시장에서 아파트 매매 시장으로 바로 이동하기에는 월등히 많은 자산과 주택담보대출 이자 지급을 위한 월 소득이 필요한 만큼, 우선은 아파트 전·월세 시장으로 이동할 가능성이 크다.

입주 물량이 절멸하는 시대에는 사람들의 소득과 상관없이 빌라와 아파트 임대료 상승이 일정 기간 지속될 확률이 높다.

2026년 부동산 투자 빅이슈

5

전세 방어력으로 읽는 부동산 시장

서울의 전세는 단순한 거주비용을 넘어 인플레이션을 능가하는 자산가치 상승을 보여준다. 실질적인 거주기간과 부동산의 평균적인 보유기간(5년 이상)을 고려할 때, 전세는 장기적으로도 강한 회복력과 상승 탄력을 지닌 금융 상품임을 시사한다.

전세의 놀라운 인플레이션 방어력

인플레이션이 일어나는 이유는 두 가지로 나뉜다. 하나는 사려는 사람이 많아지면서 가격이 오르는 수요 측면의 인플레이션, 다른 하나는 원자재나 인건비 등 공급 비용이 오르면서 가격에 반영되는 공급 측면의 인플레이션이다.

그렇다면 서울의 아파트도 인플레이션에 강한 자산일까? 이 질문에 답하려면 먼저 전세가격의 이중적인 역할을 이해해야 한다. 전세는 우리나라에서만 볼 수 있는 독특한 임대 방식이다. 전세가격은 한편으로는 집값과 밀접하게 연동되면서 다른 한편으로는 월세처럼 '거주비용'이라는 성격을 지닌다. 따라서 전세는 단순한 임대료가 아니라 집값과 집세 양쪽을 모두 반영하는 하이브리드형 가격이라고 볼 수 있다.

만약 전세가격이 전체 물가보다 더 빠르게 오르고 있다면, 이는 전세보증금을 운용하는 집주인의 자산가치가 인플레이션보다 더 빠르게 불어나고 있다는 뜻이다. 다시 말해 전세가 물가상승률을 앞지른다면 전세는 하방 경직성이 매우 강한 자산, 즉 쉽게 떨어지지 않고 오히려 상승 여력을 가진 자산이라는 의미다. 게다가 전세는 보통 2년, 길게는 4년 단위로 계약이 갱신된다. 앞으로 물가가 오를 것이라는 '기대 인플레이션'이 있으면 그 전망을 전세가격에 미리 반영할 수 있다. 따라서 이 주기는 집주인에게 자산가치를 높게 설정할 기회를 준다.

이렇게 보면 전세는 단순한 임대료가 아니라 미래의 물가까지 선반영하는 자산 운용 수단으로 기능할 수 있다. 이번 장에서는 실제로 전세가격이 어떻게 움직여왔는지, 그리고 서울권의 전세가격이 얼마나 하방 경직적인지를 구체적으로 살펴본다. 이 분석을 통해 전세가 단순한 임대차 조건을 넘어 인플레이션 환경 속에서 어떤 자산적 성격을 갖는지 이해할 수 있을 것이다.

현실을 따라잡지 못하는 물가 통계

물가는 어떤 방식으로 측정될까? 대표적으로 사용되는 지수는 소비자물가지수(CPI), 생산자물가지수, 그리고 미국의 경우 개인소비지출 물가지수(PCE, Personal Consumption Expenditure) 등이 있다. 이 중에서도 소비자물가지수는 시민들이 실제로 마주하는 생활비 변화를 가장 잘 보여주는 지표다. 국내에서는 통계청이 매년 도시별·상품별 소비 품목을 조사해 하나의 '소비자물가지수'를 산출하고 있다.

소비자물가지수를 구성하는 항목 중에서 가장 큰 비중을 차지하는 품목은 바로 '집세'다. 우리나라처럼 전세와 월세라는 두 가지 임대차 제도가 공존하는 시장에서는 각각의 항목이 따로 계산돼 들어

간다. 2024년 기준으로 전세가 5.42%, 월세가 4.49%의 가중치로 반영되며 두 항목을 합친 '집세'는 전체 소비자물가지수에서 9.91%로 단일 품목 중 가장 큰 비중을 차지한다. 그런데도 소비자물가지수가 우리가 체감하는 실제 물가보다 낮게 나온다는 지적은 끊이지 않는다.[9]

첫 번째 이유는 소비자물가지수에 들어가는 집세 상승분이 너무 적기 때문이다. 실제로 서울시의 전·월세 확정 자료를 기준으로 필자의 연구실에서 산정한 서울 지역 집세♀는 2011년을 기준으로 2024년까지 약 70% 누적 상승(연간 4.2% 상승)한 반면, 소비자물가지수 반영분은 30% 누적 상승(연간 2.0% 상승)에 머물렀다. 가장 큰 비중을 차지해야 할 거주비 항목이 이렇게 낮게 집계되면 전체 물가상승률도 실제보다 낮게 나올 수밖에 없다.

두 번째 이유는 소비자물가지수에서 '집세'가 차지하는 비중, 즉 가중치 자체가 너무 낮다는 것이다. 미국의 경우 자가에서 거주하는 비용을 포함해 집세 비중이 33%에 이르는데, 국내의 경우 자가주거비가 포함되지 않아 비중이 채 10%도 되지 않는다. 자가주거비 가중치를 포함한 지표가 있지만 이는 보조적인 통계지표로서 공식 활용이 적다.

♀ 단독, 다가구, 연립, 다세대, 아파트 등 모든 주거 유형을 포함하며 주거용 오피스텔은 제외한다.

전세상승률, 인플레이션을 앞서다

전세상승률과 인플레이션(물가상승률)을 비교하기에 앞서 고려해야 할 부분이 하나 있다. 한국은행의 공식 소비자물가지수가 과연 현실을 제대로 반영하느냐인데, 앞선 설명처럼 한국은행이 집계하는 물가상승률은 서울시민이 체감하는 수치에 훨씬 못 미친다. 한국은행의 물가상승률은 연평균 약 1.97% 수준이다.

더욱 현실적인 물가상승률을 계산하기 위해 서울대 공유도시랩에서 계산한 전·월세를 반영하면 연평균 약 2.3%라는 상승률이 나온다. 이는 한국은행 물가상승률에 비해 현실을 더욱 반영한 수치로 볼 수 있다.

보수적으로 물가상승률이 2.3%라 보고 전세상승률과 비교할 경우, 전세상승률이 물가상승률보다 높다면 전세가 인플레이션 헤지 수단으로 작동하는 것이라 볼 수 있다.

서울대 공유도시랩이 산출한 아파트 전세가격지수에 의하면 전세가격은 매년 5.22% 상승한 것으로 나타난다. 이 수치는 코로나 시기(2020~2022년)의 일시적인 과열을 제외하고 계산한 것인데, 당시 유동성 급증으로 인한 전세가격까지 포함할 경우 매년 약 5.90% 상승한 것으로 나타난다.

결론적으로 현실적인 전세가격 연간상승률(5.22%)은 물가상승률(2.3%)을 2배 이상 상회한다. 다시 말해 서울의 전세는 단순한 거주

서울시 아파트 전세가격지수 연간 상승분(2011~2025년)

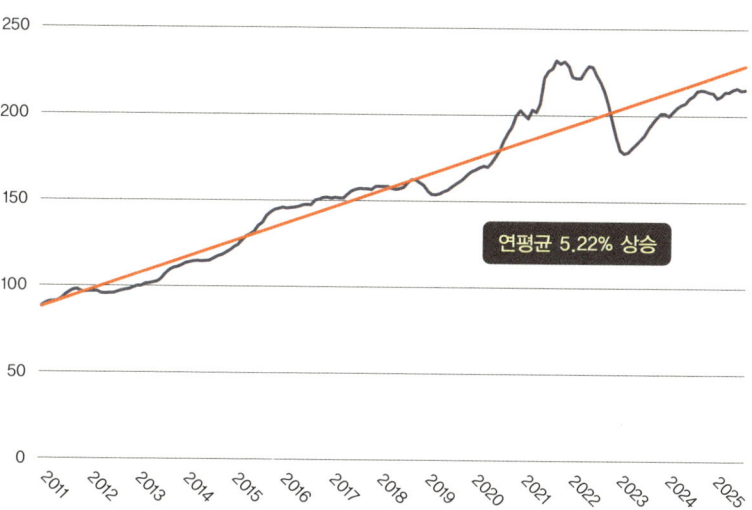

비용을 넘어 인플레이션을 능가하는 자산가치 상승을 보여준다. 실질적인 거주기간과 부동산의 평균적인 보유기간(5년 이상)을 고려할 때, 전세는 장기적으로도 강한 회복력과 상승 탄력을 지닌 금융상품임을 시사한다. 이는 역사적으로도 전세가 단순한 임대차 수단이 아니라 인플레이션 방어력이 확실한 '운용 가능 자산'으로 작용할 수 있다는 점을 확연하게 보여준다.

전세 방어력의 지역별 차이

연도별 전세가격의 실질상승률(전세상승률에서 물가상승률을 뺀 수치)을 계산하면 물가 상승분을 제외하고도 전세가격이 몇 퍼센트 올랐는지 확인할 수 있다. 서울시 기준 전세가격은 물가상승분을 제외하고 실질적으로 연평균 4.94% 오른 것으로 나타났다. 2012년부터 2024년까지 직전 연도 말 대비 서울시 100세대 이상 모든 아파트에 대한 전세가격 실질상승률을 산출한 결과다.

같은 방법으로 강북3구(노원·도봉·강북)와 강남3구(강남·서초·송

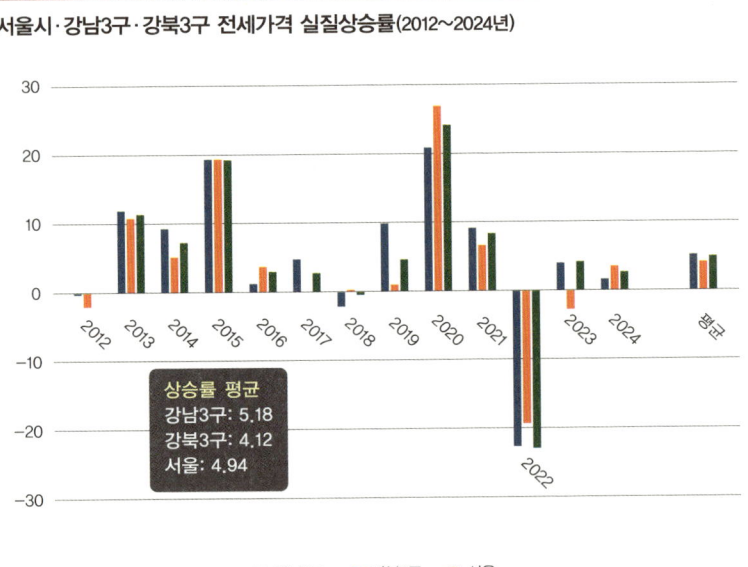

서울시·강남3구·강북3구 전세가격 실질상승률(2012~2024년)

상승률 평균
강남3구: 5.18
강북3구: 4.12
서울: 4.94

파)의 전세가격 실질상승률을 살펴봤다. 강북3구의 경우 4.12%로 서울시 전체와 강남3구의 5.18%보다 소폭 낮긴 해도 2020년과 같이 부동산 폭등을 경험한 시기에는 서울시 전체보다 더 높게 오른 것으로 우수한 가격 방어력을 보여준다.

결국 전세가격은 단순한 임대료가 아니라 향후 경제 흐름과 거시적 가격 변동을 반영하는 '선행적 자산지표'이자, 우리나라 부동산 시장 특유의 하방 경직성과 맞물려 강한 복원력까지 갖춘 독특한 형태의 인플레이션 헤지 수단으로 기능하고 있다는 것을 확인할 수 있다.

만약 전세가격상승률이 물가상승률보다 높고 강한 복원력이 있다면 그다음 생각해야 할 부분은 전세가격과 매매가격의 관계다.

앞선 내용에서 보듯 2020~2022년 코로나 팬데믹 기간을 제외할 경우 전세가격 그래프에서 일직선 우상향 패턴이 나타났다. 2022년처럼 매매가격과 전세가격이 동반 대폭락한 시기를 제외하면 실질적으로 서울시 아파트 전세가격이 전년 대비 하락한 경우는 거의 없다. 사실 이는 투자자 관점에서 놀라운 사실이다. 투자를 위해 장기 보유할 때 웬만해서는 가격이 떨어지지 않고 오히려 인플레이션 이상으로 상승하는 재화가 바로 서울시 아파트라는 것이다.

그리고 상태가 멀쩡한 아파트 매매가격은 일반적으로 전세가격보다 낮을 수 없다. 즉, 전세는 매매의 강력한 하방 저지선 역할을 한다는 것이다. 매매 대비 전세가율이 괜히 있는 것이 아니다. 매매 대비 전세가율이 80~90%라고 하면 전세가격이 높게 형성된 곳일 수도 있고, 일시적으로 매매가격이 하락한 곳일 수 있다. 그런데 전세가격이 매년 5.2%씩 우상향한다면 소비자들은 '매매가격 대비 전세가율이 높으니 전세가격이 상승하면 매매가격이 더 오를 수 있겠군'이라고 생각하게 될 것이다.

따라서 강력한 우상향 전세 방어력은 서울시 아파트 시장 역학에서 결코 무시할 수 없는 요인이다. 관련하여 정책당국은 전세의 반전세화 혹은 월세화 정책을 꾸준히 시도해야 한다. 지금과 같은 전세 방어력이 유지되는 한 서울시 아파트 가격 조정은 헛된 염원에 불과하다.

서울시 아파트 연간 가격상승률(2012~2024년)

연도	강남3구	강북3구	서울시 전체
2012	− 0.25	− 2.02	0.06
2013	11.91	10.79	11.35
2014	9.28	5.18	7.23
2015	19.42	19.40	19.25
2016	1.24	3.72	2.99
2017	4.76	0.08	2.77
2018	− 2.09	0.31	− 0.45
2019	9.89	1.01	4.61
2020	20.91	26.93	24.17
2021	9.16	6.65	8.32
2022	− 22.60	− 19.27	− 22.89
2023	4.00	− 2.72	4.18
2024	1.67	3.51	2.68
평균	5.18	4.12	4.94

2026년 부동산 투자 빅이슈

6

서울 부동산 시장의 상승 도미노

먼저 강남 같은 중심지 가격이 급등하면 상대적으로 저렴한 인접 지역으로 수요가 옮겨가고, 그곳 가격도 따라서 오른다. 또 강남 집값의 움직임은 시장 전체에 강한 신호가 된다. 투자자들은 강남의 상승을 보고 다른 지역에 선제 투자하며, 실수요자들도 공급이 부족한 지역을 피해 주변 대체지로 눈을 돌린다.

'상승 도미노'는 부동산이나 금융시장에서 한 지역의 가격 상승이 인접 지역으로 연쇄 확산하는 현상을 가리킨다. 도미노 한 칸이 쓰러지면 다른 칸들도 연이어 쓰러지는 것처럼 가격 상승의 흐름이 주변으로 퍼지는 구조다.

이런 도미노 현상은 몇 가지 이유로 생긴다. 먼저 강남 같은 중심지 가격이 급등하면 상대적으로 저렴한 인접 지역으로 수요가 옮겨가고, 그곳 가격도 따라서 오른다. 또 강남 집값의 움직임은 시장 전체에 강한 신호가 된다. 투자자들은 강남의 상승을 보고 다른 지역에 선제 투자하며, 실수요자들도 공급이 부족한 지역을 피해 주변 대체지로 눈을 돌린다. 이 과정에서 상승의 불씨가 점점 더 넓은 범위로 퍼져나가는 것이다.

서울 아파트 가격 이동평균선이 보여준 흐름

필자의 연구실에서는 자동가치산정모형(AVM)을 활용해 주간 단위로 주택가격지수를 구축해왔다. 이 지수를 통해 2024년 부동산 시장의 흐름을 분석한 결과, 본격적인 부동산 슈퍼사이클 진입을 감지할 수 있었다. 그리고 이 예상은 적중했다.

시장 분석에는 흔히 '이동평균선'이라는 개념이 활용된다. 이는 일정 기간의 평균 가격을 연결한 선으로, 가격의 전반적인 흐름과 추세를 시각적으로 파악하는 데 유용하다. 주식 시장에서는 보통 5일, 20일, 120일 이동평균선을 쓰지만 부동산처럼 거래 빈도가 낮은 시장에서는 더 긴 주기로 보는 이동평균선이 적합하다.

  7주 주기는 월간 변동 이상의 노이즈를 줄이면서도 최근 움직임을 잘 반영한다. 24주 주기는 약 6개월 정도의 추세를 보여주는 기준선 역할을 한다. 이동평균선이 교차하는 지점도 중요하다. 단기선이 장기 선을 위로 뚫고 올라가는 '골든크로스'는 상승장 진입 신호다. 그 반대인 '데드크로스'는 하락장의 시작을 알리는 지표다. 이 장에서는 단기 흐름을 포착하는 7주 이동평균선과 중기 추세를 나타내는 24주 이동평균선을 바탕으로, 서울 부동산 시장에서 발생한 '상승 도미노' 현상의 주요 변곡점과 속도를 분석한다.

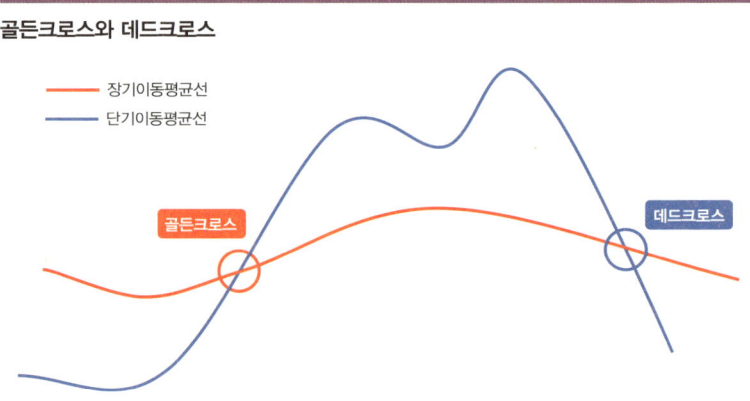

골든크로스와 데드크로스

골든크로스: 단기이평선이 장기이평선을 아래에서 위로 돌파, 상승 신호
데드크로스: 단기이평선이 장기이평선을 위에서 아래로 관통, 하락 신호

상승 도미노의 속도: 시차로 본 흐름

서울 주요 지역의 이동평균선을 분석해보면 상승 신호, 즉 '골든 크로스 발생 시점'이 시차를 두고 확산하는 흐름이 뚜렷하게 보인다. 강남에서 가격 상승이 시작돼 서울 외곽으로 퍼지는 형태다. 이번에는 강남구와 가까운 성동구, 동대문구, 노원구에서 이동평균선 교차 시점을 살펴보며 강남발 상승 흐름이 어떻게 전파됐는지 그 시차를 비교했다.

상승 도미노 주요 지역

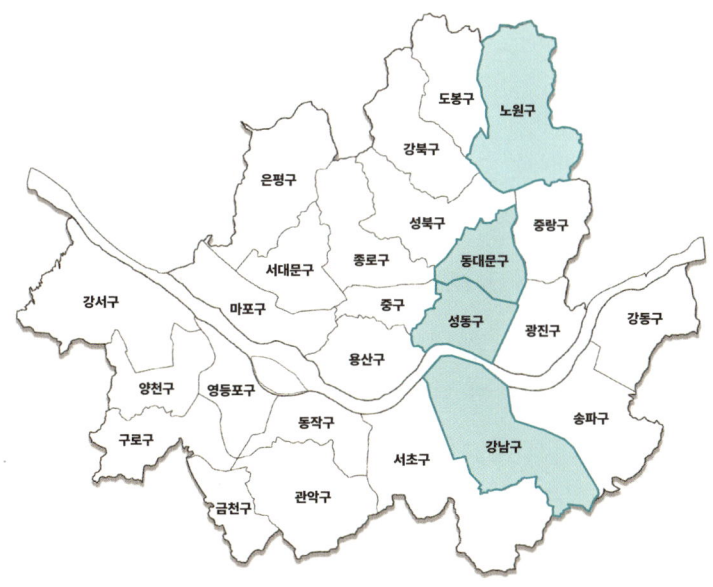

강남구 장·단기 가격지수(2021~2025년)

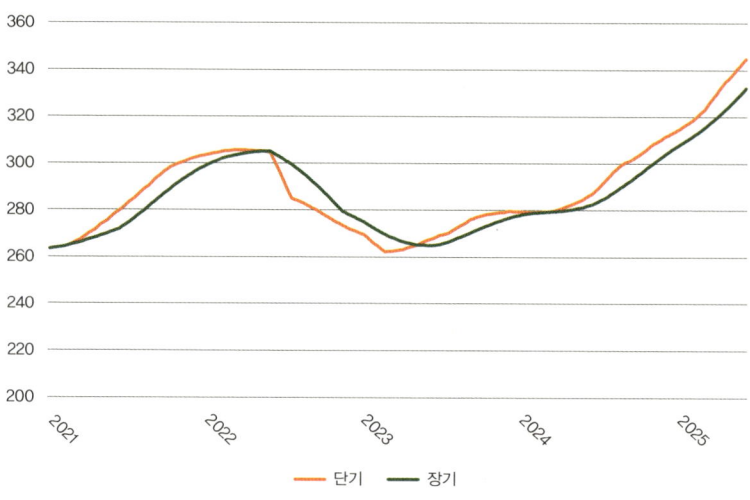

강남구 상승 신호

먼저 강남구에서는 2023년 5월 첫째 주에 골든크로스가 발생하며 국면이 전환됐다. 이후 2025년 6월까지 약 2년 1개월(109주) 동안 상승 추세가 이어졌다. 2023년 12월~2024년 1월경, 장·단기 이동평균선이 인접했다. 좀 더 보수적으로 보면 명확한 골든크로스는 2024년 1분기에 발생했다고 볼 수 있다. 전고점(2021~2022년 1분기 사이 최고점)에 비해 2025년 6월 현재 약 44포인트 올라, 2024년 9월 마지막 주에 명확한 N파고 돌파가 확인된다.

성동구 장·단기 가격지수(2021~2025년)

성동구 상승 신호

강남구와 인접한 성동구에서 골든크로스로 보이는 시기는 2023년 5월 셋째 주다. 그러나 2023년 하반기에 장·단기 곡선이 서로 붙었기 때문에 좀 더 명확한 골든크로스는 2024년 1분기에 나왔다고 볼 수 있다. 성동구의 경우 전고점 수준으로 회복하면서 돌파 구간에 진입해 강남보다 약 8개월 늦은 시점인 2025년 5월 N파고를 달성했다.

동대문구 장·단기 가격지수(2021~2025년)

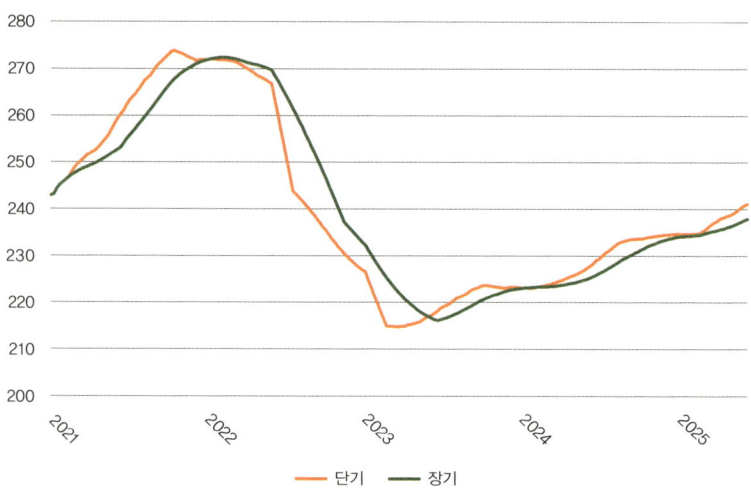

동대문구 상승 신호

동대문구는 2023년 5월 마지막 주에 골든크로스가 나와 상승 국면으로 전환했으며, 보수적으로 볼 때는 3월 셋째~넷째 주쯤 상승세에 진입했다. N파고는 아직 달성하지 못했다.

노원구 장·단기 가격지수(2021~2025년)

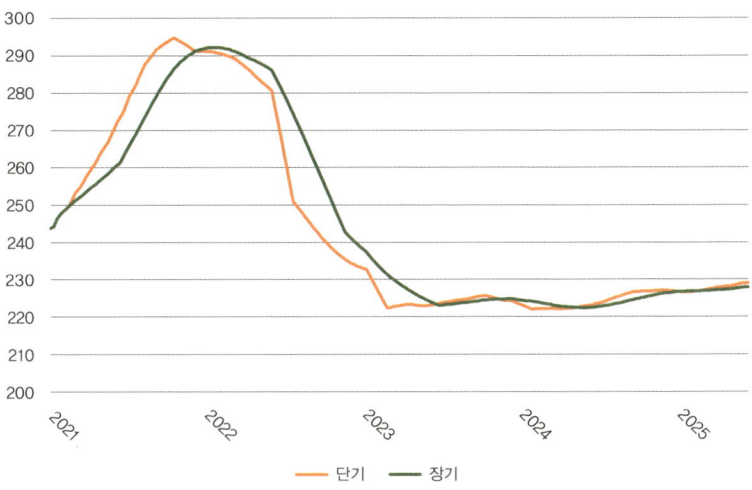

노원구 상승 신호

노원구는 2022년 대폭락 이후 2023년 6월 셋째 주에야 첫 번째 골든크로스가 나타나 상승 추세로 전환됐고, 이는 강남보다 약 7주 늦은 흐름이었다. 2025년 2월 첫째 주부터 다시 반등해 현재까지 5개월간 상승 흐름을 유지하고 있다. N파고는 아직 달성하지 못했다.

장·단기 이동평균선 분석 결과, 상승장이 처음 시작된 강남구와 가까울수록 골든크로스가 더 빠르게 나타나는 경향을 확인할 수 있다. 서울 외곽 지역인 이른바 '강북3구'(강북·노원·도봉) 역시 모두 골든크로스를 기록하며 상승 전환에 진입했지만 전고점(N파고) 달성에는 지역 간 시차가 있을 것으로 보인다. 이러한 시차는 주택 수요가 먼저 유입되는 중심지(강남권)에서 가격 상승이 선행한 이후 점차 외곽으로 확산하는 구조적 특성에서 비롯한다. 특히 외곽 지역은 상대적으로 자산 여력이 약한 실수요층이 많아, 거래 회복과 가격 반등 속도가 다소 지연되는 경향이 두드러진다. 이는 결과적으로 수요 회복 강도, 거래량 회복 속도, 시장의 신호 인식이 지역별로 다르게 작동하고 있음을 보여준다.

상승 도미노의 강도: 상승 폭과 수익률의 격차

상승장이 처음 시작된 곳은 강남3구(강남·서초·송파)였고, 이들 지역과 가까울수록 상승 시차가 짧아졌다. 실제로 강남과 접한 용산·성동, 한강을 낀 마포·영등포·강동·양천 등도 빠르게 상승 흐름에 올라탔다.

골든크로스 발생 시점 차이는 상승 폭 차이로도 이어졌다.

- 2023년 1분기를 저점으로 잡을 때, 2025년 6월 기준 강남구는 약 40% 상승했다.

- 서초구·송파구도 뒤를 이었고 재건축 기대감이 큰 양천구도 상위권에 올랐다.
- 반면 강북·노원·도봉 등 외곽 지역은 3~6%대 누적 상승에 그쳤다.

구별 아파트 가격지수: 2023년 1월(저점)=100 대비 2025년 6월 상승 폭

이러한 주요 시장별 상승 폭 격차는 장기적으로 유지되는 것일까? 과거 부동산 상승기의 강남3구와 강북3구 물가 상승을 반영한 실질가격상승률인 '실질수익률'을 살펴보면 그렇지 않다. 강남3구가 강북3구보다 대체로 '먼저', 그리고 '높은' 수익률을 보이지만 2015년, 2018년, 2020~2021년에는 강북3구의 실질수익률이 강남을 넘어섰다.

과거 추이에서 더욱 중요하게 인지해야 할 점은 가격 상승 정도가 시간 차를 두고 하나의 사이클로 일어난다는 것이다. 시작 시점은 늦더라도 결국 상승 폭이 역전되는 패턴이 과거 시장에서 나타난 바 있다. 이러한 상승 도미노는 단순히 '먼저 오르면 끝'이 아니라 속도와 폭, 수익률이 달성되는 시점까지 포함하는 입체적인 흐름이라는 점을 보여준다.

Information

진보 정권이 들어서면 집값이 오른다?

서울 아파트 가격 상승은 '정권' 때문일까, '글로벌 시장' 때문일까? "진보 정권이 들어서면 부동산 가격이 오른다." 한국 사회에서 자주 회자되는 말이다. 참여정부 시절 강남 집값이 폭등했고, 문재인 정부 시기에는 전국적으로 가격이 치솟았다. 보수 정권은 규제를 풀었지만 시장 반응은 냉랭했다는 주장이다.

그런데 이 말은 팩트일까? 더 정확히 말해, 진보 정권과 부동산 가격 사이에는 인과관계가 있을까? 아니면 단순한 피상적 현상일까? 이에 대한 단서를 찾기 위해 같은 기간을 놓고 서울 부동산 시장과 세계 주요 도시들의 부동산 시장을 비교할 필요가 있다. 전 세계 주요 도시 부동산 시장의 하락 혹은 정체기에 서울 부동산 가격이 오른다면, 이는 당시 정권의 문제일 수 있다. 그런데 전 세계 부동산과 서울 부동산이 함께 상승하고 하락한다면 이는 정권의 문제가 아니라 글로벌 부동산 시장의 동조화 현상으로 볼 수 있다.

다음은 한 도시의 부동산 가격 그래프다. 2000년부터 2008년까지 부동산 가격이 가파르게 오르다가 2008년을 기점으로 하락세로 반전해 2012~2013년까지 급락했다. 그리고 2020년까지 꾸준히 오

뉴욕 가격지수(케이스-쉴러 지수, 2000~2025년)

르더니 여름을 기점으로 한층 더 폭등했다. 폭등세는 2022년 초반까지 이어졌다. 그리고 2023년 초까지 하락·정체기를 겪더니 다시 상승 반전했다. 서울 부동산 시장과 매우 비슷한 모양새인데, 이 그래프의 주인공은 서울이 아니다. 글로벌 금융 허브 뉴욕시의 부동산 가격 움직임이다.

필자는 학업과 직장 문제로 2000년부터 2009년 2월까지 실리콘밸리와 보스턴에 거주했다. 2009년에 귀국한 후에도 글로벌 부동산 연구를 지속했기에 미국 대도시(뉴욕 포함) 부동산 시장에 대한 지식을 갖고 있다. 이 케이스–쉴러 지수는 뉴욕 부동산의 큰 트렌드를 설명하는 데 무리가 없다. 다만 뉴욕 대도시권(뉴욕시와 주변 교외 지역 포함) 전체의 흐름을 대변하는 자료라 범위가 다소 넓다. 따라서 서울의 강남이라 할 수 있는 뉴욕 맨해튼만 따로 떼 본다면 더 큰 상승세가 나타난다.

필자의 견해로 서울 부동산 시장은 글로벌 경제 및 부동산 시장의 움직임과 궤를 같이한다. 대표적 글로벌 도시 서울은 세계 경제와 금융시장의 흐름에서 벗어나지 못한다. 따라서 다른 글로벌 도시들의 자산 가격과 같은 방향으로 움직일 수밖에 없다.

2003~2008년 노무현 정권 시기는 글로벌 경기 호황, 그리고 미국 주택 시장의 대폭발 시기와 정확히 일치한다. 이때는 전 세계 모든 도시의 부동산에 버블이 형성됐다. 유독 서울 아파트 가격만 대폭등한 건 절대 아니라는 말이다. 미국 주요 도시 부동산의 가격 상승 역시 어마어마했고, 특정 도시의 상승 폭은 서울보다도 높았다. 2008년 금융위기는 사실 (가격에 거품이 잔뜩 낀) 주거용 부동산에서 시작됐다. 당시 미국에서는 매우 높은 LTV(보통 은행 대출이 80%까지

허용되나, 다른 추가 대출을 받아 95%에 달하는 대출로 주택을 산 사례도 있다. 관심 있는 사람은 영화 〈빅쇼트〉를 보길 바란다)로 말미암아 주택금융 상품에 리스크가 잔뜩 낀 상태였다. 이러한 리스크 폭발은 심각한 금융위기와 경제위기로 연결됐다.

당시 대한민국은 노무현 정권의 강력한 LTV 규제로 아파트 시장의 부실은 크지 않았다. 그런데도 글로벌 위기가 전염되면서 부동산 시장이 일시적으로 충격에 빠졌다. 따라서 2008년 들어선 이명박 정권 시기 부동산 시장의 움직임은 노무현 정권과 정반대였다. 이명박 정권 기간에 서울시 아파트 가격은 2009년부터 2013년 초까지 꾸준히 하락했다. 서울 부동산의 하락기는 뉴욕과 정확히 일치한다.

그런데 여기서 독자들이 반드시 인식해야 할 부분이 있다. 이명박 정권 당시 부동산 하락은 오로지 수도권만의 문제였다는 것이다. 당시 지방 부동산은 오히려 매우 활황이었다. 부산·대구·광주·울산 등 지방 광역시 아파트 가격은 상승세였다. 여기서 나오는 인사이트는 수도권과 비수도권 부동산이 서로 다르게 움직인다는 사실이다.

2013년 출범한 박근혜 정권은 탄핵으로 말미암아 5년을 채우지 못하고 2017년 3월 마무리됐다. 그런데 여기서 2013년이라는 시점이 매우 중요하다. 앞서 설명한 바와 같이 뉴욕을 포함한 미국 부동산은 글로벌 경제위기를 거쳤다. 이 거대한 하락 사이클을 멈추고 드디어 반등한 시기가 바로 2012년 중후반부터 2013년 초였다. 즉 글로벌 부동산 경기가 바닥을 찍은 시점과 박근혜 정권 시작 시점이 정확히 일치한다. 많은 사람이 박근혜 정권이 부동산 시장 살리기 정책을 펼쳤다는 사실을 기억한다. 이러한 정책 효과와 글로벌 경기의 변화가 서울시 아파트 시장에 투영됐다. 박근혜 정권 시기 서울시 부동산은 안정적 성장기였다고 봐야 한다. 이명박 정권기와 같은 가격 하락 패턴은 전혀 나타나지 않았다. 필자의 연구실(서울대 공유도시랩)에서 계산한 가격지수에 따르면 박근혜 정권 기간에 서울시 부동산의 연평균 상승률은 5%였고, 누적상승률은 20%에 달했다. 부동산 상승률이 인플레이션 상승률을 훨씬 초과한 상황이었다. 물론 문재인 정권 시기의 대폭등에 비하면 낮은 수준이었으나, 박근혜 정권 시기에도 서울시 아파트는 상당한 가격 상승을 거쳤다.

문재인 정권이 주도한 2017년 5월부터 2022년 5월은 서울시 아파트 대폭등기로 자리매김한다. 이는 부정할 수 없는 사실이며 글로벌 유동성 폭발과 더불어 정책 실패의 결과였다. 이 시기 역시 팬데믹 대응을 위한 유동성이 시장에 과하게 공급되면서 전 세계 부동산이 큰 상승을 경험한다. 뉴욕 부동산에서도 어마어마한 가격 상승세가 나타났다.

2022년 윤석열 정권이 들어서면서 서울 아파트 가격은 1년 동안 20% 가까이 하락했다. 당시 뉴욕 아파트 시장은 정체기였다. 그런데 2023년에 들어서면서 서울과 뉴욕이 동시 반전하기 시작한다. 2023년 1월부터 서울 아파트 시장은 정체를 멈추고 상승 반전했다. 특히 2024년 1월부터 2025년 6월 현재까지 서울 일부 지역(강남구와 서초구)의 상승세는 무시무시하다. 특정 단지의 경우 지난 1년 반 동안 30~50%에 달하는 상승세를 보여줬다. 뉴욕 역시 누적상승률이 10%에 달한다.

필자가 이야기하고 싶은 핵심은 단순 인과론의 위험성이다. 앞선 데이터는 "진보 정권이 집값을 올린다"라는 단순한 해석의 위험성을 보여준다. 윤석열 정권 후반기(지난 1년 반) 서울 강남 아파트 가격 폭등, 그리고 박근혜 정권 시기 연간 5% 상승률을 보면 보수 정권 시기에 서울 아파트 가격이 오르지 않았다는 주장은 허구다.

한국 부동산 시장은 더 이상 '내부 논리'만으로 설명할 수 없는 시대에 진입했다. 글로벌 자산 시장, 금리 영향, 팬데믹 이후 투자 패턴까지 글로벌 주요 도시들의 주택 시장은 서로 동조하고 있다.

물론 국내 정책이 무력하다는 뜻은 아니다. 규제 방식, 공급 시점, 세제 구조 등이 가격 형성에 큰 영향을 미치는 것은 분명하다. 그러나 같은 시점에 미국 뉴욕, 영국 런던, 캐나다 토론토의 부동산 시장이 들썩였다면, 그 원인은 단지 청와대 집무실뿐만 아니라 월가와 연준의 동선에서도 찾아야 한다.

서울시
16개 대장 단지
상세 리포트

대장 단지 상세 리포트
1

권역별 아파트 단지 포트폴리오 분석

- 상승 도미노의 포착

주요 단지들은 지역과 이슈에 따라 상이한 움직임을 보인다. 전반적으로는 정책 충격 이후에 시장이 멈춘 것처럼 보이지만 본질가격은 지속되는 패턴을 유지하며 '서울 일시정지 이론'의 현실 적용 가능성을 뒷받침하고 있다.

서울 일시정지 이론(Seoul Pause Theory)

서울시의 부동산 문제는 단순히 정책만으로 해결하기 어렵다는 특성이 있다. 수십 년간 다양한 부동산 정책이 시행됐음에도 불구하고 서울시의 부동산 가격은 단기적인 조정을 겪을 뿐 장기적으로는 꾸준한 상승세를 보였다.

즉, 장기 상승 추세 속에서 상승과 하락의 사이클이 존재하는 것이다. 그리고 가격 상승기, 외부 환경(대내외 경제 변수 등)이 변화하지 않는 가운데 정부가 갑작스럽게 개입하는 경우 시장 상황이 정체 혹은 일시 후퇴하는 모습이 보일 수 있다. 그러나 이 경우도 자산의 본질가치는 변화하지 않았기에 약간의 시차를 두고 가격이 오르는 상황이 나타나곤 했다.

이러한 현상은 '서울 일시정지 이론'이라 불릴 만하다. 이는 **서울의 부동산 가격이 하락하는 것처럼 보일 수 있으나, 실제로는 일시정지에 불과하다는 것이다.** 또한 정부는 2025년 6월에 부동산 대책을 발표하고, 3개월도 되지 않은 9월에 또 한 번 강화한 대책을 발표했다. 이는 서울 부동산을 대책만으로 쉽게 잡을 수 없다는 사실을 반증한다.

정부가 발표한 '6·27 부동산 대책'은 서울 부동산 시장을 겨냥한 강력한 규제다. 이 정책은 서울 및 수도권 지역을 대상으로 소득이나 주택 가격과 무관하게 주택담보대출 한도를 6억 원으로 제한하고, 1주택자에게도 신규 주택담보대출을 금지하며, 대출 만기도 30년 이내로 제한하는 내용을 담고 있다. 이러한 조치는 실수요자를 제외한 갭투자 등 투기성 수요를 억제하려는 목적을 갖는다.

서울 부동산 시장의 흐름을 더욱 구체적으로 파악하기 위해 이번 《부동산 트렌드 2026》에서 언급할 16개 대장 아파트 단지의 2025년 월별 평균 매매가격을 분석한 결과는 다음과 같다.

6·27 대책 이후, 단지별 거래량은 전반적으로 줄어들며 특정 단지는 거래가 안 되는 경우가 있다. 그럼에도 일부 단지에서는 가격 상승 거래가 나타나기도 했다. 관악드림타운은 8억 원을 돌파했고, DMC파크뷰자이도 가장 높은 거래가격이 나타났다. 잠실 엘리트와 반포자이 역시 7월 평균 가격이 6월에 비해 상승했다. 앞선 설명처럼 저가 단지는 6·27 대책의 무풍지대이며, 고가 단지에 대한 실수요(특히 현금 동원력이 큰 계층의 수요)가 존재함을 볼 수 있다.

이처럼 주요 단지들은 지역과 이슈에 따라 상이한 움직임을 보인다. 전반적으로는 ==정책 충격 이후에 시장이 멈춘 것처럼 보이지만 본질가격은 지속되는 패턴==을 유지하며 '서울 일시정지 이론'의 현실 적용 가능성을 뒷받침하고 있다.

서울의 주택 공급 구조 역시 가격 안정화를 어렵게 만드는 요인 중 하나다. 설령 정부가 대규모 공급 계획을 발표하더라도 실제 준공과 입주까지는 수년이 소요되며, 이 기간 동안 수급 불균형이 지속될 가능성이 크다. 더불어 주거 선호의 변화도 중요한 요소다. 시민들의 생활 수준이 높아지면서 오래된 아파트보다 신축 또는 준신축 아파트를 선호하고, 소규모 단지보다는 중·대규모 단지에 대한 수요가 커지고 있다. 이러한 경향은 서울 내 특정 지역의 수요 집중을 더욱 강화하는 등 해결하기 어려운 구조적 문제로 진화 중이다.

결국 서울 부동산 시장은 단기 정책으로 가격을 조정하거나 수요를 억제하는 데 한계가 있다. 장기적으로는 '상승에 대한 기대'가 시장의 방향을 좌우하는 핵심 요인이다. 정책이 일시적으로 기대심리를 누를 수는 있지만, 자산으로서의 기대가치는 쉽게 꺾이지 않는다. 이러한 맥락에서 서울 일시정지 이론은 서울 부동산 시장의 근본적인 속성을 설명하는 개념으로 기능할 수 있다.

이제 다음 단계로, 더욱 정량적인 데이터 분석을 통해 이 이론이 현실에 어떻게 나타나는지 살펴보기로 하자.

인구가 줄어도 서울 집값이 상승하는 이유

서울시 인구는 2010년에 약 1,031만 명으로 최고점을 기록한 뒤 꾸준히 감소했다. 2024년에는 약 933만 명으로 98만 명(9.5%) 이상 줄어든 상황이다. 그러나 세대수는 오히려 증가했는데, 2008년 약 409만 세대에서 꾸준히 상승해 2024년 약 448만 세대로 38만 세대(9.5%) 이상 증가했다. 이러한 인구 감소와 세대수 증가는 핵가족

화의 영향으로 해석할 수 있다. 과거에는 한 세대에 여러 명이 함께 거주하는 대가족 형태가 일반적이었으나, 최근에는 1인 가구와 부부 중심의 소규모 가구가 증가한 영향이다. 실제로 세대당 인구는 2008년 2.49명에서 2024년 2.08명으로 0.41명(16.5%) 줄었다.

이러한 변화는 개인주의 확산, 결혼 및 출산 감소, 고령화 등 사회 구조 변화와 맞물려 도시의 주거 수요와 정책 방향에도 큰 영향을 미치고 있다. 서울시 전체 인구가 감소하는 반면에 세대수는 증가하고 있기 때문에, 주택 수요는 유지되거나 오히려 증가할 가능성이 크다. 게다가 서울은 대한민국 경제의 중심지인 만큼 주민들의

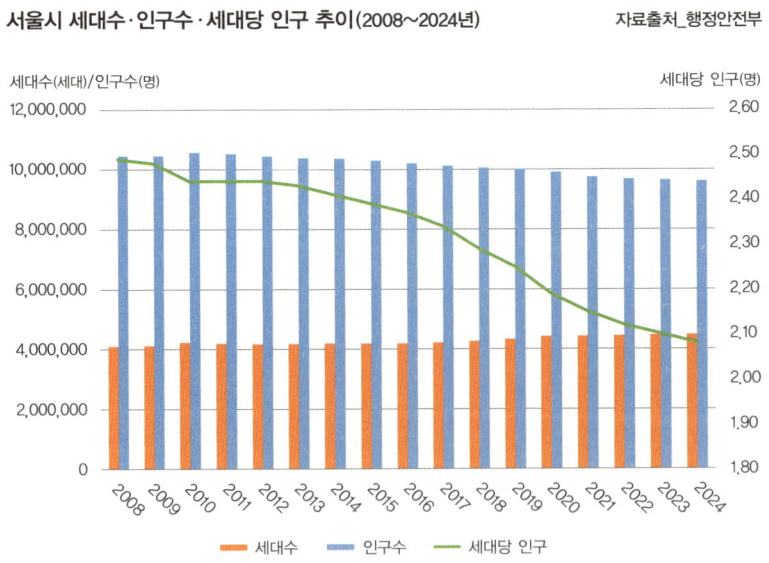

서울시 세대수·인구수·세대당 인구 추이(2008~2024년)   자료출처_행정안전부

소득 역시 꾸준히 상승하고 있다.

이것이 감소하는 서울시 인구를 근거로 집값 하락을 속단하는 의견이 틀린 이유다. 향후 인구구조 변화에 따른 중소형 주택 수요, 증가하는 소득, 인근 대기수요를 고려하면 서울시 아파트 가격의 장기적 상승세는 자연스러운 흐름이다. 이는 앞선 Part4에서 설명한 도쿄 아파트 가격 상승(150~154쪽)을 이해하면 수긍하게 될 것이다.

서울시 16개 대장 단지 분석

지난 《부동산 트렌드 2025》에서는 12개 대장 단지 아파트를 중심으로 부동산 시장 흐름을 분석했다. 올해는 동대문구 청량리역 더블 랜드마크(청량리역 롯데캐슬SKY-L65, 청량리역 한양수자인 그라시엘), 양천구 목동신시가지, 송파구 송파위례24단지꿈에그린을 포함해 분석 범위를 더욱 확장했다. 그리고 비교적 적은 금액으로 접근할 수 있는 서울 아파트가 어디인지 묻는 독자 요청에 따라, 취득세 적용 기준이 되는 9억 원 미만 단지(노원구 한진한화그랑빌)를 추가로 소개했다.

지리적으로나 시기적으로 유사한 단지를 그룹화해 포트폴리오 단위 분석을 진행했다. 이를 통해 서울시 아파트 시장의 복잡한 흐름을 더욱 입체적으로 파악하고, 실거주와 투자 수요자 모두에게 유의미한 인사이트를 제공하고자 했다. 그룹은 다음 표와 같다.

지난 책에서도 다룬 12개 단지는 강남권, 한강권, 강북·서남권으로 나눠 살펴본다. 1년 전에 했던 예측과 결과를 비교해보고 현 시점에서 다시 한 번 앞으로의 흐름을 내다봤다. 새로 분석하는 단지는 각각의 특색이 있어 별도로 살펴본다. 동대문구 청량리는 대규모 재개발로 초고층 주상복합 아파트가 들어서며 주거환경을 포함해 지역 자체가 크게 변화하고 있다. 양천구 목동신시가지는 재건축 특수가 있고, 송파구 위례는 2기 신도시로 특히 주목도가 높다. 마지막 9억 원 미만 단지로 노원구 한진한화그랑빌을 분석했다.

16개 아파트 단지

권역	단지명
강남권	• 강남구 도곡렉슬 • 서초구 반포자이 • 잠실 엘리트 • 송파구 헬리오시티
한강권	• 강동구 고덕 그라테온 • 마포구 마포래미안푸르지오 • 성동구 왕십리 뉴타운
강북·서남권	• 강서구 마곡엠밸리 • 관악구 관악드림타운 • 서대문구 DMC파크뷰자이 • 종로구 경희궁자이 • 중구 남산타운
신규	• 노원구 한진한화그랑빌 • 양천구 목동신시가지 • 동대문구 청량리역 더블 랜드마크 • 송파구 송파위례24단지꿈에그린

강남권(서초구, 강남구, 송파구)

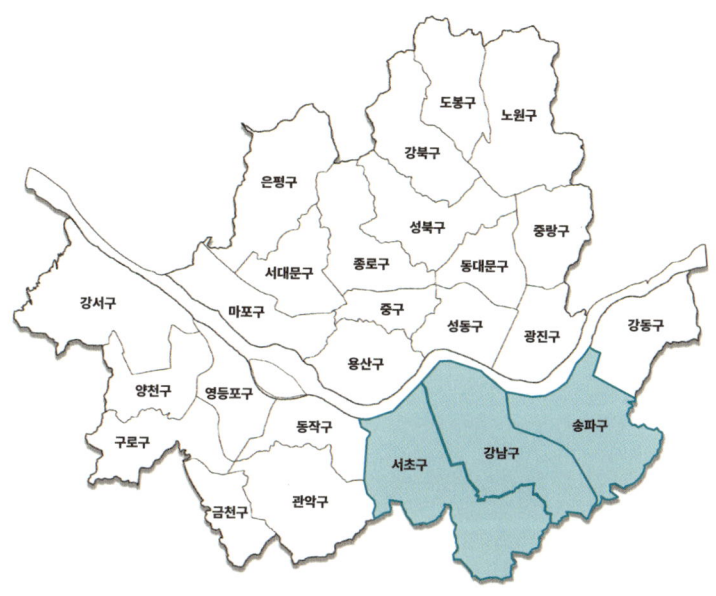

가장 많은 관심이 쏟아지는 강남권을 먼저 살펴보자. 4개 아파트 단지를 함께 묶어 분석했다. 강남3구에 해당하는 송파구 헬리오시티와 잠실 '엘리트(엘스, 리센츠, 트리지움)', 서초구 반포자이, 강남구 도곡렉슬이다. 《부동산 트렌드 2025》에서 이 단지들을 두고 한 예측과 실제 결과는 다음 표와 같다.

여기서 잠시 지난 예측 내용을 복기하자면, 가격 트렌드는 서울 아파트 시장이 슈퍼사이클에 진입하며 N파고와 W파고를 달성할 수 있을지가 관건이었다. 가격이 'N' 모양으로 '상승-하락-상승'의

강남권 아파트 단지 가격 예측(2024년)과 결과(2025년)

단지명	예측 내용	2025년 2분기	결과
헬리오시티	W파고 돌파 가능성	2024년 3분기 W파고 돌파	적중
잠실 엘리트		2024년 2분기 W파고 돌파	
반포자이		2024년 3분기 급상승해 W파고 돌파	
도곡렉슬		2024년 4분기 W파고 돌파	

세 획을 그으며 직전 고점을 돌파할 수 있을지, 더 나아가 'W' 모양을 그리며 역대 최고점까지 돌파할 수 있을지를 가늠했다. W파고를 돌파한다는 말은 즉 2021년 고점을 넘어 신고가를 기록할 가능성을 뜻한다.

필자는 강남권 4개 단지 모두 W파고를 돌파하며 신고가를 기록할 가능성이 있다고 예측했다. 당시는 강남 지역 신축 아파트를 필

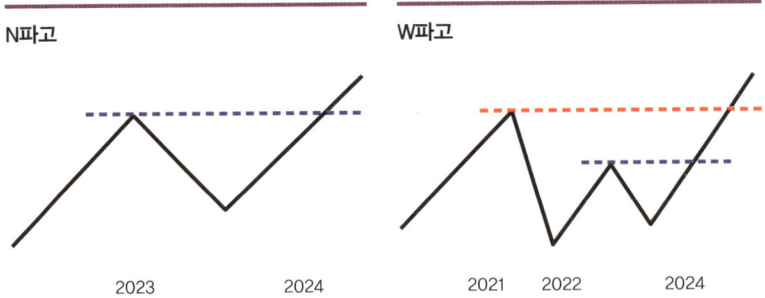

두로 상승세가 퍼져나가기 시작하는 슈퍼사이클의 초입이었다. 직전의 짧은 하락이나 보합세만 보고 급격한 하락을 예측하는 사람도 있었고, 시장 참여자들도 분위기를 읽기 어려워했다. 그러나 공급, 금리, 인플레이션, 전세가격 등 모든 지표가 상승 방향을 바라보고 있었다. 부동산 가격을 선도하는 강남 지역 아파트는 이미 N파고를 달성하고 W파고를 향해 가고 있었다.

결과적으로 4개 단지에 대한 예측이 모두 적중해 불과 몇 개월 사이에 사상 최고가를 기록했다. 특히 서초구 반포자이는 2024년 3분기부터 급격하게 상승했는데 예상보다도 더 빠르고 큰 폭의 상승

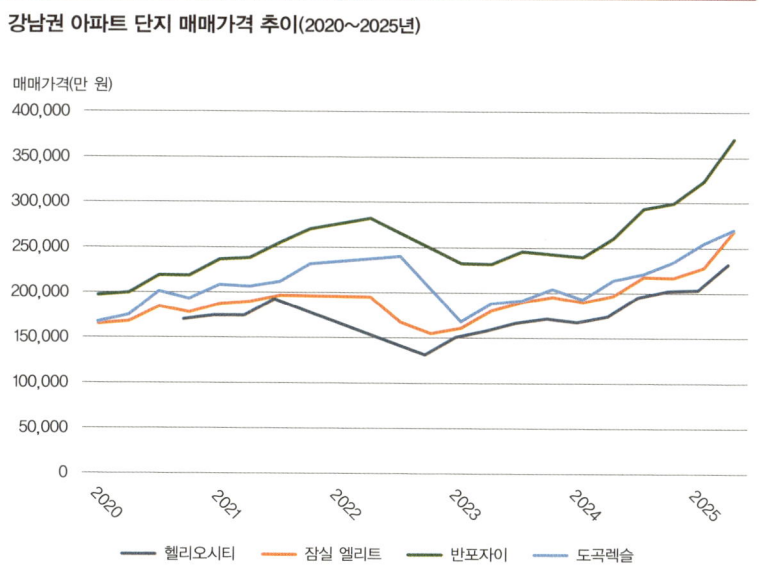

강남권 아파트 단지 매매가격 추이(2020~2025년)

세였다. 서초구의 대장 아파트답게 주변 교통(지하철, 고속버스터미널, 고속화 도로)과 교육환경 등 우수한 입지의 덕을 본 것이다.

현재까지 강남권 4개 단지는 모두 비슷한 가격 흐름을 보인다. '서초구 반포자이'는 2025년 2분기 평균 매매가격이 37억 원으로 2024년 2분기 26억 200만 원 대비 42.2% 상승했다. 네 단지 중에서도 가장 큰 상승률이다. 그리고 송파구 '잠실 엘리트'와 '헬리오시티'는 2025년 2분기 각 26억 8,100만 원, 23억 1,600만 원으로 2024년 2분기 19억 7,000만 원, 17억 3,800만 원 대비 각 36.1%, 33.3% 상승했다. 마지막으로 '강남구 도곡렉슬'은 2025년 2분기 26억 9,500만 원으로 2024년 2분기 21억 3,700만 원 대비 26.1% 상승했다.

그렇다면 앞으로는 어떨까? 강남권 4개 단지는 변화율의 차이가 있을 뿐, 상승 흐름은 지속되리라 본다. 다만 지난 2년 반 동안 (단기간) 급등했기에, 앞으로도 가격 급등세가 이어질지는 의문이다.

다음 그래프는 2006년부터 이어지는 강남권 아파트 매매가격 추이를 보여준다. 헬리오시티는 2018년에 준공돼 데이터가 적어 이번에는 3개 단지만 살펴본다. 나머지 셋 중에서는 반포자이가 2009년으로 가장 늦어 2009년 이후로는 세 단지 모두 거래 데이터가 있다. 전반적으로 강남3구 아파트 단지들은 비슷한 흐름을 보이지만, 시간이 지날수록 차이가 벌어졌다. 반포자이가 가장 높은 가격대를 유지하고 있으며, 도곡렉슬이 그 뒤를 따르고 잠실 엘리트가 마

강남권 아파트 3개 단지 매매가격 추이(2006~2025년)

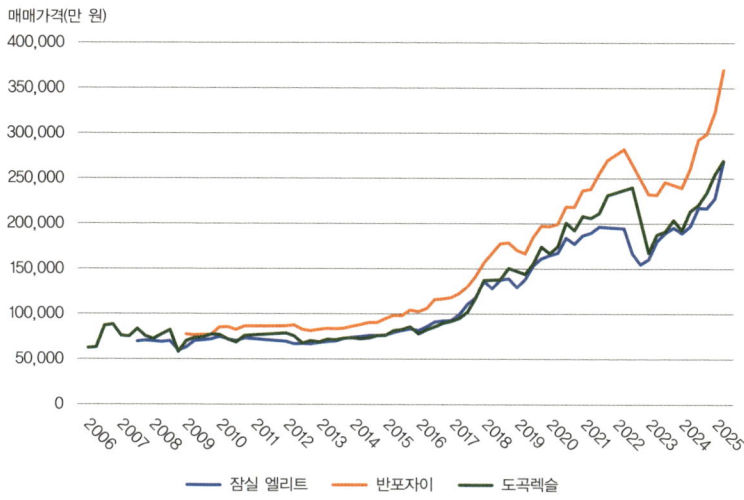

지막이라고 볼 수 있다. 이는 서초구 반포자이와 강남구 도곡렉슬이 송파구 잠실 엘리트보다 입지, 학군, 브랜드 측면에서 더 높은 주거 프리미엄을 지닌다는 점을 시사한다. 2025년 2분기 평균 매매가격 기준 반포자이가 37억 원, 도곡렉슬이 26억 9,500만 원, 잠실 엘리트가 26억 8,100만 원으로 반포자이는 잠실 엘리트보다 약 10억 1,900만 원 이상 높은 가격대를 형성하고 있다.

특히 주목할 점은 2009년 전후에는 세 단지의 매매가격이 모두 7억 원 내외로 거의 비슷한 수준이었다는 것이다. 이 시기에는 반포자이, 도곡렉슬, 잠실 엘리트의 가격 격차가 크지 않았고 오차범위

한강권(강동구, 성동구, 마포구)

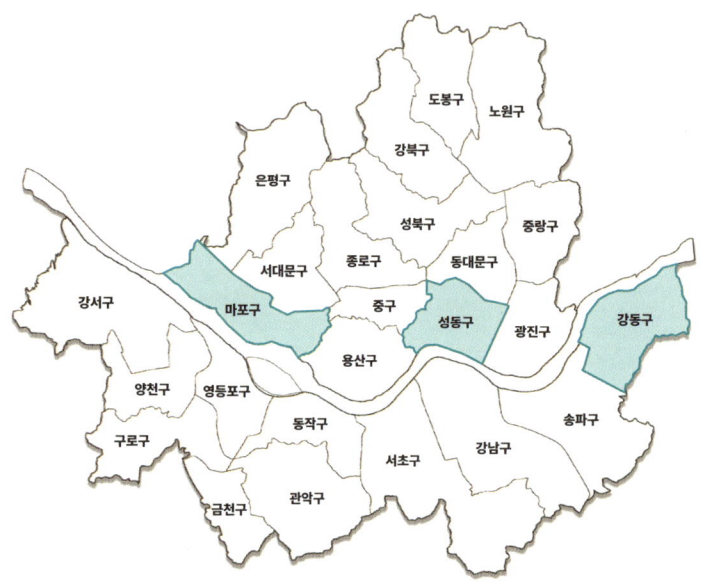

내에서 유사한 흐름을 나타냈다. 이후 2015년부터 점차 격차가 벌어지기 시작해 2019년 이후에는 가격 상승 속도에 따라 뚜렷한 차이가 형성됐다.

　2020년 중반부터 2021년 초반까지도 일시적으로 15억 원대 초반에서 맞닿는 구간이 있었지만, 이후 다시 반포자이가 강한 상승세를 보이며 가장 높은 가격대를 기록했다. 이러한 흐름은 강남3구 아파트 시장이 비슷한 구조 속에서 움직이되, 시간이 지날수록 같은 강남권에서도 마이크로 레벨로 시장이 분화됨을 알 수 있다. 즉 슈퍼스타 단지의 역학 관계(1등이 2등 이하보다 더 많이 상승하는 현상)

가 나타난다.

강남권에 이어 살펴볼 그룹은 한강권이다. 한강에 인접한 3개 단지를 분석했다. 강동구 고덕 '그라테온(고덕그라시움, 고덕아르테온)', 성동구 왕십리 '뉴타운(텐즈힐 1단지, 2단지, 센트라스)', 마포구 마포래미안푸르지오다.《부동산 트렌드 2025》에서 이 세 단지에 대해 예측한 바는 다음 표와 같다. 모두 적중했다. 강동구 고덕 그라테온은 지난해 4분기부터 W파고를 돌파했으며, 성동구 왕십리 뉴타운은 2025년 1분기에 W파고를 돌파했다. 마지막으로 마포구 마포래미안푸르지오는 실제로 2024년 2분기부터 상승세를 타고 2024년 3분기에 W파고를 돌파했다.

한강권 3개 단지 또한 비슷한 가격 흐름을 보인다. 마포구 마포래미안푸르지오는 2025년 2분기 평균 18억 3,200만 원으로 2024년 2분기 14억 4,900만 원 대비 26.4% 상승했다. 세 단지 중 가장 큰 상

한강권 아파트 단지 가격 예측(2024년)과 결과(2025년)

단지명	예측 내용	2025년 2분기	결과
고덕 그라테온	W파고 돌파 가능성	2024년 4분기 W파고 돌파	적중
왕십리 뉴타운	2024년 2분기부터 상승 가능성 높음	2024년 2분기부터 상승세, 2025년 1분기 W파고 돌파	
마포래미안 푸르지오	W파고 돌파 가능성	2024년 3분기 W파고 돌파	

한강권 아파트 단지 매매가격 추이(2020~2025년)

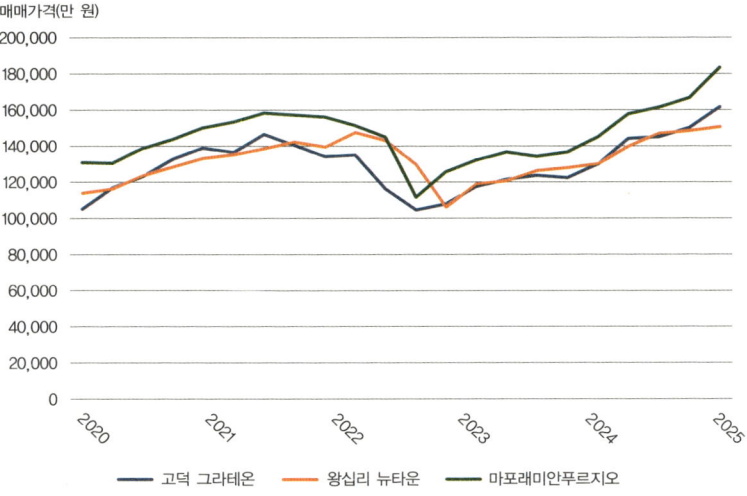

승률이다. 강동구 고덕 그라테온과 성동구 왕십리 뉴타운은 2025년 2분기 각 16억 1,400만 원, 15억 500만 원으로 2024년 2분기 12억 9,800만 원, 13억 100만 원 대비 각 24.3%, 15.7% 상승했다.

세 단지는 변화율 흐름도 비슷하다. 이 단지들 모두 2021년 3분기~2022년 2분기 사이에 최고가를 기록한 후 하락했다가 2024년 3분기~2025년 1분기에 W파고를 돌파하며 신고가를 기록했다.

2026년에도 시중금리 하락, 유동성 증가와 함께 이 상승 기조를 이어갈 것으로 예상된다.

한강권의 세 단지에서 재미있는 포인트는 두 가지다. 먼저 마포래미안푸르지오와 왕십리 뉴타운은 한강 이북의 최대 신축급 아파트 단지로 꼽힌다. 성수동 등에 있는 일부 고가 아파트를 제외하면 서북권은 마포래미안푸르지오, 동북권은 왕십리 뉴타운이 대표적이다. 그런데 두 단지를 비교해보면 강남 접근성은 왕십리 뉴타운이 더 좋음에도 불구하고 가격은 마포래미안푸르지오가 2~3억 원대 격차를 유지하며 앞서고 있다.

여기에는 다양한 요인이 있겠으나 서울시 아파트가 '업무지구 접근성'으로 재편되는 현실과 관련이 있다. 5호선을 놓고 볼 때, 마포래미안푸르지오는 광화문 업무지구(CBD)와 여의도 업무지구(YBD)의 정중앙이라 서울 서북권에서 압도적인 입지상 장점이 있다. 강남 업무지구(GBD)도 물론 입지로는 중요하지만 광화문과 여의도 업무지구 역시 규모와 중요성 면에서 GBD에 못지않다는 것이다. 광화문에는 대기업 본사, 여의도 업무지구에는 대형 금융사가 밀집해 있어 이들 회사에 근무하는 계층을 위한 주거 단지의 위상은 높을 수밖에 없다.

또 하나 주목할 점은 성동구 왕십리 뉴타운과 강동구 고덕 그라테온의 가격 흐름이 매우 유사하다는 것이다. 이 역시 업무지구와 깊은 관련이 있다. 강남 업무지구는 강남역에서부터 테헤란로를 따라 역삼역, 선릉역, 삼성역으로 이어지는 긴 구간에 거대하게 형성돼 있다. 강남역-삼성역 축에서 왕십리까지, 그리고 '고덕 그라테온'까지 거리는 엇비슷하다. 대략 자차로 20~30분대에 있다. 강동구 아파트 시장은 강남과 가까워 생활권을 공유하지만 그럼에도 인근 하남시와 남양주시의 아파트 공급량에 영향을 받을 수밖에 없다.

하남시와 남양주시에 아파트가 대규모로 공급된다면 이는 당연히 강남구 도곡동보다 강동구 고덕동에 더 큰 영향을 준다. 따라서 강동구 고덕동은 강남과 인접함에도 인근 경기도 신도시 아파트 시장의 영향을 받는 점이 가격에 투영됐다고 볼 수 있다.

강북·서남권에서는 종로구 경희궁자이, 강서구 마곡엠밸리, 중구 남산타운, 서대문구 DMC파크뷰자이, 관악구 관악드림타운 5개 단지를 살펴볼 예정이다. 지난 책에서 예측한 내용은 다음과 같다. 5개 단지 중 4개 단지는 예측이 적중했으며, 마곡엠밸리는 2024년 4분기에 예상대로 W파고를 돌파했다가 2025년 1분기 소폭 하락했다. 그리고 2분기에 다시 반등하여 W파고 돌파가 예정돼 있다. 그러나 전반적으로 서울시 부동산 시장이 상승기에 있는 만큼 마곡엠밸리도 최고점을 재돌파하는 것은 시간문제로 보인다.

강북·서남권 5개 단지 또한 비슷한 가격 흐름을 보인다. 전반적으로 광화문 업무지구와 직주근접성이 좋은 종로구 경희궁자이가 다른 3개 단지에 비해 약 50% 내외로 가격이 더 비싸다. 마곡 업무지구(MBD)에 위치한 마곡엠밸리 역시 DMC파크뷰자이나 남산타운보다는 가격이 소폭 위에 있음을 알 수 있다.

나머지 4개 단지 중에서 2025년 2분기 기준, 2024년 2분기 대비 상승률이 가장 높은 단지는 서대문구 DMC파크뷰자이다. 2025년

강북·서남권(종로구, 중구, 서대문구, 강서구, 관악구)

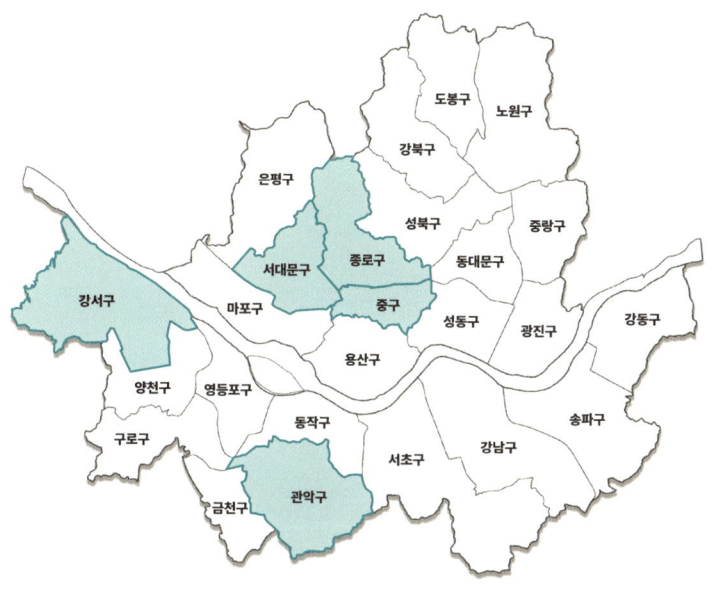

강북·서남권 아파트 단지 가격 예측(2024년)과 결과(2025년)

단지명	예측 내용	2025년 2분기	결과
경희궁자이	W파고 돌파 가능성	2024년 4분기 W파고 돌파	적중
마곡엠밸리	W파고 돌파 가능성	2025년 2분기 W파고 돌파	
남산타운	달성에 시간이 소요되나 상승 가능성이 큼	2024년 2분기부터 10억 이상으로 꾸준히 상승 중	
DMC 파크뷰자이	N파고 돌파, 상승 가능성이 큼	W파고 돌파는 못 했으나 근접했으며, 2024년 1분기부터 꾸준히 상승하여 돌파가 예상됨	
관악드림타운	달성 시간 소요	꾸준히 상승 중이긴 하나 소폭으로 상승하고 있으며, W파고 달성은 시간이 소요될 듯	

2분기 11억 8,400만 원으로 2024년 2분기 9억 6,700만 원 대비 약 22.4% 상승했다. 다음은 종로구 경희궁자이이다. 2025년 2분기 18억 7,600만 원을 기록해 2024년 2분기 15억 9,200만 원 대비 약 17.8% 상승했다. 중구 남산타운은 2025년 2분기 11억 2,400만 원을 기록했으며, 2024년 2분기 10억 1,000만 원 대비 약 11.3% 상승했음을 알 수 있다.

마곡엠밸리는 W파고를 돌파했으나 2025년 1분기에 하락했고, 2분기에는 다시 반등했다. 그러나 앞서 언급한 단지들 모두 현재 상승세에 있고, 2026년에도 이 흐름은 계속될 것으로 보인다.

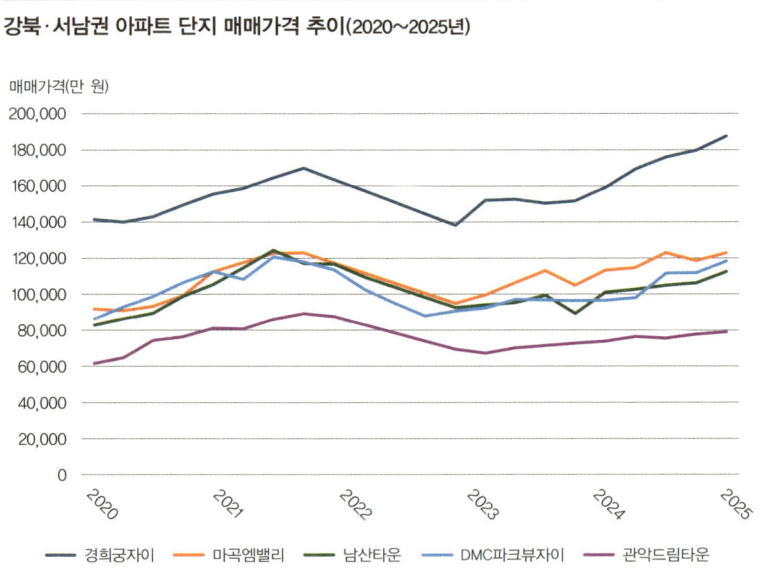

강북·서남권 아파트 단지 매매가격 추이(2020~2025년)

다음 그래프는 한강권 단지에서 살펴본 마포래미안푸르지오, 고덕 그라테온, 왕십리 뉴타운과 바로 앞서 강북·서남권에서 다룬 경희궁자이를 비교한 것이다. 2014년부터 2025년 2분기까지 매매가격 추이를 분석했다. 이렇게 네 단지는 전반적으로 매우 유사한 흐름을 보여주며, 특히 2018년 이후부터는 상승과 조정을 반복하며 함께 움직이는 경향이 뚜렷하다. 이는 서울 주요 지역 내 대단지 아파트들이 금리, 정책, 공급 환경 등 공통적인 외부 요인에 민감하게 반응하고 있음을 보여준다. 다만 세부적인 시기나 상승 폭은 상이한데, 각 단지의 지역 특성과 브랜드 가치가 그 차이를 만들어내고

경희궁자이, 마포래미안푸르지오, 고덕 그라테온,
왕십리 뉴타운 아파트 단지 매매가격 추이(2014~2025년)

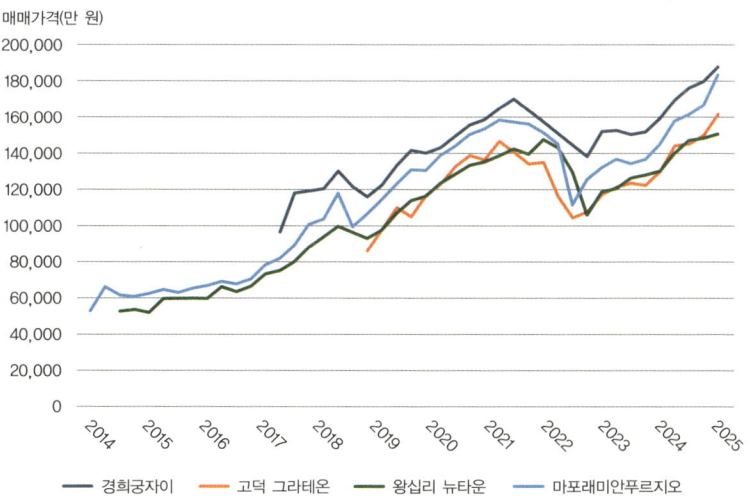

있다.

2025년 2분기 기준으로 매매가는 경희궁자이가 약 18억 7,600만 원으로 가장 높고, 마포래미안푸르지오가 약 18억 3,200만 원, 고덕 그라테온과 왕십리 뉴타운은 각각 약 16억 1,400만 원, 15억 500만 원 수준이다.

2021년에는 코로나19 이후의 금융 완화 정책과 부동산 수요 증가의 영향으로 모두 최고점을 기록했고, 2022년에는 조정 국면에 들어가며 일시적인 하락을 경험한 바 있다. 이후 이 단지들은 2023년부터 반등해 상승세를 이어가고 있으며, 경희궁자이가 선두를 유지하고 있다. 이러한 흐름은 서울 내 인기 주거지의 아파트들이 유사한 리스크와 기회를 공유하며, 시기별로 경쟁하듯 가격이 형성되고 있음을 뜻한다.

한강권과 강북·서남권 아파트를 다시 요약하면, 우선 '경희궁자이'가 모든 기간에 걸쳐 다른 아파트 단지들에 비해 높은 가격을 유지하며 움직이고 있다. 강북 지역의 대표 아파트 단지로 자리매김한 것이다. 광화문 업무지구 바로 옆이라는 입지적 우위와 외국계 회사 직원들에게 인기가 많다는 장점 등이 합쳐진 결과다. 외국계 회사는 비싼 가격에 상관없이 직원을 위한 숙소를 빌리는 만큼, 월세가 올라가면 수익률도 높아져 가격을 끌어올리기 충분한 유인이다.

경희궁자이를 잇는 서울 서북권의 대표 단지로 마포래미안푸르지오가 있고, 뒤이어 왕십리 뉴타운과 강동구 고덕 그라테온이 있다. 지금껏 살펴본 경희궁자이, 마포래미안래푸르지오, 왕십리 뉴타운은 모두 지하철 2호선 바로 근처나 내부에 있다. 서울의 대표적인 업무지구는 대개 2호선 주변에 있는데, 이러한 '2호선 효과'를 톡톡히 보는 것이다. 광화문(충정로역-시청역-을지로3가역), 홍대·합정, 구로·가산(구로디지털단지역), 강남(강남역-역삼역-선릉역-삼성역), 잠실, 성수 등 모든 업무지구가 2호선 위에 있다. 2호선과 거리가 떨어진 서대문구 DMC파크뷰자이와 강서구 마곡엠밸리는 그보다 싼 가격대에서 비슷하게 전개되고 있다. 한편 중구 남산타운은 2호선 내부라는 장점이 있음에도 구축인 탓에 가격대는 2호선과 거리가 먼 DMC파크뷰자이, 마곡엠밸리 등과 비슷하다.

대장 단지 상세 리포트
2

서울시 대장 단지 가격 정밀 분석

9억 원 미만 실수요 단지들도 금리 하락과 유동성 회복 흐름 속에서 서서히 회복세를 보인다. 그리고 6·27 & 9·7 대책과 무관하게 충분히 대출받을 수 있는 지역인 만큼 상승세를 누릴 가능성이 크다. 서울 아파트 시장에 지역적으로 상승 도미노 현상이 나타나는 데 더해, 더욱 낮은 가격대에서도 동일한 현상을 기대할 수 있다.

① 동대문구 '청량리역 더블 랜드마크'

가장 먼저 소개할 단지는 동대문구의 '청량리역 더블 랜드마크'다. 청량리역 롯데캐슬SKY-L65와 청량리역 한양수자인 그라시엘 두 단지를 묶어서 부르는 말이다. 위치가 가깝고 특징이 비슷한 두 단지는 청량리의 새로운 스카이라인을 상징한다.

두 단지의 특징을 자세히 분석하기에 앞서 '청량리'라는 지역의 변화를 짚고 넘어가려 한다. 이곳은 최근 '청량개벽(청량리+천지개

동대문구

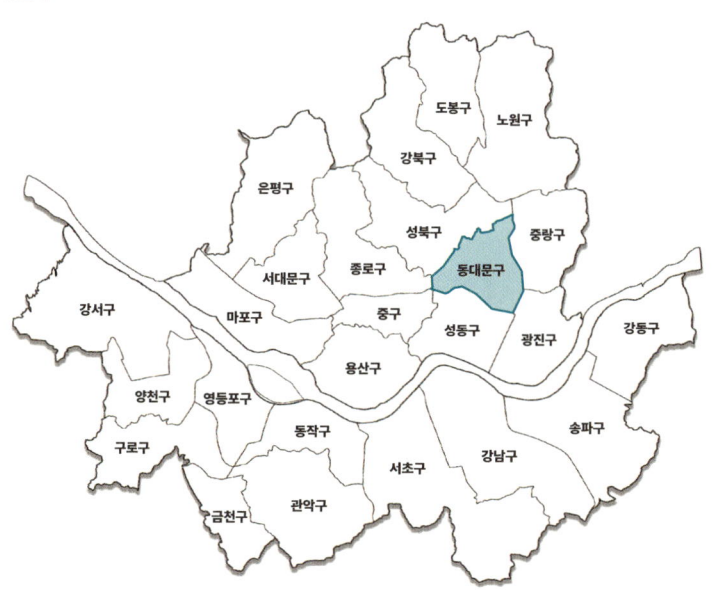

벽)'이라는 표현[10]이 등장할 만큼 눈에 띄는 변화를 겪고 있다. 대규모 복합개발과 초고층 주거 단지 입주가 이어지며 과거의 낙후된 이미지를 벗어던지고 있기 때문이다. 필자가 임장을 갔을 때도 그 차이가 한눈에 느껴질 정도였다. 청량리는 향후 서울 동북권 부동산 시장의 흐름을 가늠하는 핵심지로 주목할 만하다.

1899년 우리나라 최초의 전차가 개통된 곳이 바로 청량리역이다. 이 일대는 명성황후의 홍릉을 왕래하던 전차 노선이 지나가는 교통 거점이었다. 또한 1911년 경원선 철도의 일부 구간이 개통되면서 더욱 중요한 교통 중심지로 자리 잡았다.

청량리는 이름에서 알 수 있듯이 맑고(淸) 서늘한(凉) 곳으로, 풍광이 좋은 지역이다. 청량리 일대는 사대문 밖의 교외 도시(Garden City)로서 과거부터 다양한 레저시설이 들어섰고, 울창한 수목(홍릉숲)이 인근에 있어 당시 모던보이, 모던걸에게 각광받는 공간이었다. 1942년에 현재 이름인 '청량리역'으로 공식 역명이 변경됐고, 6.25 전쟁으로 역사(驛舍)가 파괴되는 아픔을 겪은 뒤 1959년에 신축된 역사가 문을 열면서 오늘날과 같은 모습을 갖추게 됐다.

40~50대 이상이라면 아마 1995년의 청량리역사를 기억할 것이다. 당시 MT를 가기 위해 청량리역에서 기차를 탄 추억이 있는 이도 많다. 이후 10년이 지난 2005년에도 역사의 외관은 크게 달라지지 않았지만, 청량리역은 2015년을 기점으로 큰 변화를 맞이했다. 새 역사 건물이 들어서고 롯데백화점이 재건립되는 등 역 일대가 한

1959년 청량리역 역사 낙성식 출처_서울특별시 서울기록원

층 깔끔하고 현대적으로 탈바꿈한 것이다. 여기에 더해 2020년에는 인근 상인들의 반대로 오랫동안 지연됐던 '청량리4구역(일명 청량리 588 일대)' 재개발 사업에 본격적으로 착수하며 그 변화가 가시화되고 있다.

2025년 현재, 과거의 풍경은 자취를 감추고 그 자리에 65층 규모인 '청량리역 롯데캐슬SKY-L65'와 59층에 달하는 '청량리역 한양수자인 그라시엘'이라는 초고층 주상복합 아파트가 위용을 드러내

청량리역 주변 변천사

출처_서울연구데이터서비스

청량리역 주변 미주APT

청량리역

청량리 민자역사

청량리역 광장

고 있다. 이 두 단지는 '청량리역 더블 랜드마크'라고 불리며, 서울 동북권의 상징적인 주거·상업 복합공간으로 떠오르는 중이다. 이에 더해 청량리는 최근 국토교통부의 공간혁신구역 선도사업 후보지로 선정돼 '청량개벽'이라는 말처럼 과거와는 전혀 다른 모습으로 거듭날 준비를 하고 있다.

청량리역 롯데캐슬SKY-L65

청량리역 한양수자인 그라시엘

그럼 이제 청량리역 더블 랜드마크를 주택 관점에서 분석해보자. 2개 단지는 바로 인접해 있으며, 다음 표 내용처럼 공통점이 많다. 우선 청량리역 롯데캐슬SKY-L65는 2025년 현재 강북에서 가장 높은 건물이다. 청량리역과는 지하도를 통해 1~2분 거리로 매우 가깝다. 다만 초등학교의 경우 주로 배정되는 전농초등학교가 도보 15분 정도로 다소 거리가 있다.

청량리역 한양수자인 그라시엘 또한 청량리역과 약 350m 거리, 도보 5분 이내라는 접근성을 갖춘 역세권 아파트다. 이곳 역시 초등학교와 거리가 있는데 주로 배정되는 신답초등학교까지 도보로 9분 정도 걸린다.

두 랜드마크 아파트는 2025년 8월 기준, 준공된 지 약 2년 정도밖에 되지 않았다. 그래서 아직 거래가 활발하지는 않으나 공급면적 119~121㎡ 30평형대의 가장 최근 실거래가격을 보면 청량리역 한양수자인 그라시엘은 15억 700만 원(2025년 6월 23일), 청량리역 롯데캐슬SKY-L65의 중윗값은 18억 원(2025년 3월 12일)이다. 두 단지의 분양가가 10억 원 내외였던 것을 감안하면 각각 50.7%, 80% 가량 상승했음을 알 수 있다. 추가 분석이 필요하겠지만, 이는 부분적으로 롯데캐슬이라는 브랜드와 청량리역까지의 거리에서 기인한 차이로 보인다.

이처럼 청량리역 일대에 초고층 신규 단지와 중규모 이상의 아파트가 잇따라 들어서면서, 주변 지역인 동대문구 전농동과 답십리동

청량리역 더블 랜드마크 비교

비고	청량리역 롯데캐슬SKY-L65	청량리역 한양수자인 그라시엘
용도	주상복합	주상복합
브랜드/건설사	롯데캐슬/롯데건설	SUJAIN/한양, 보성산업
주소	동대문구 답십리로27	동대문구 고산자로32길 79
준공연월	2023년 7월	2023년 6월
동수	5개 동	4개 동
층수	지하 7층, 지상 42~65층	지하 7층, 지상 50~59층
아파트 세대수	1,425세대	1,152세대
아파트 세대별 면적	29~199㎡	120~231㎡
오피스텔 세대수	528세대	-
오피스텔 세대별 면적	24~31㎡	-

에도 중·대규모 신축 아파트 단지가 활발히 조성되고 있다. 이러한 변화는 청량리가 과거의 이미지에서 벗어나 젊고 활기찬 동네로 탈바꿈하는 원동력이 되고 있다. 특히 주목할 점은 인구구조의 변화다. 이곳은 초혼 연령대인 30대 초반 인구 증가율이 서울 내 25개 자치구, 서울시 전체 평균과 비교해 상위권이며 금천구, 중구, 관악구에 이어 4위를 기록했다. 젊은 세대가 모여드는 새로운 주거 선호지로 부상하며 'Young 청량리'로 거듭나고 있다는 것이다.

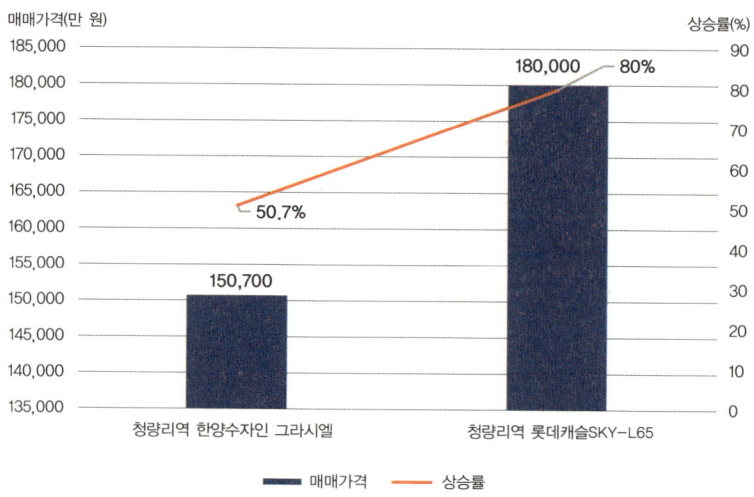

'청량리역 더블 랜드마크' 매도호가 및 분양가 대비 상승률 (2025년 8월 4일 기준)
출처_네이버 부동산

30대 초반 인구 증가율이 높다는 점은 청량리역과 동대문구 일대에 중·대규모 신축 아파트 단지가 꾸준히 들어서고 있다는 사실과 무관하지 않다. 이는 주거지를 선택하는 실수요층이 실질적인 입주 가능성과 교통 편의성, 주변 생활 여건 등을 종합적으로 고려하고 있음을 뜻한다. 특히 청량리역은 GTX를 비롯한 다양한 광역교통망 신설이 예정돼 있어 젊은 세대의 직주근접 수요를 충족하는 데 유리한 입지다.

주거환경이 개선되고 교통과 생활 인프라가 확충되면서 결혼을 앞두거나 신혼생활을 시작하려는 30대 초반 수요층이 이 지역으로

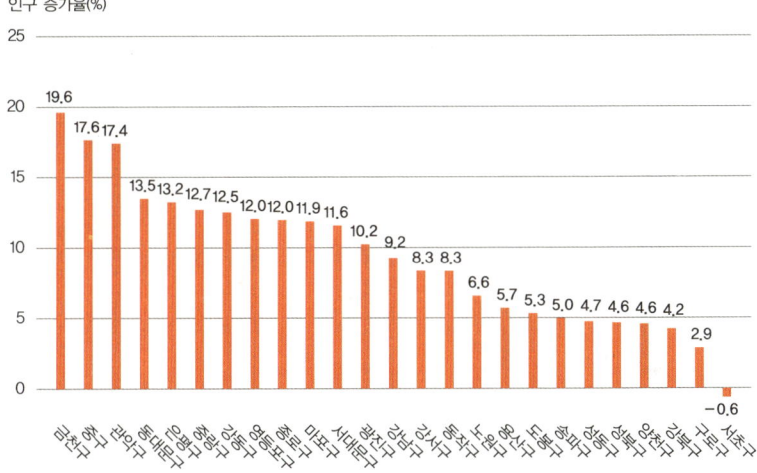

서울시 30~34세 인구 증가율(2020~2024년) — 출처_서울 열린데이터광장

몰리고 있다. 실제로 서울시 초혼 연령은 2024년 기준 남성 34.32세, 여성 32.44세로 청량리 일대의 인구 유입층과 유사하다. 주거지 선택 시기와 결혼 시기가 맞물리면서, 청량리는 젊은 세대가 새로운 삶의 터전을 마련하는 대표적인 지역으로 주목받고 있다.

또한 신혼부부 유입과 함께 영·유아도 상대적으로 많은 지역이다. 물론 저출생의 영향으로 절대적인 수는 줄어드는 추세지만, 전국이나 서울시 전체와 비교하면 동대문구의 0~4세 인구 감소 기울기는 완만한 편이다.

실제로 이 근방에 사는 필진 중 한 명은 "추첨식 일반 유치원 경쟁

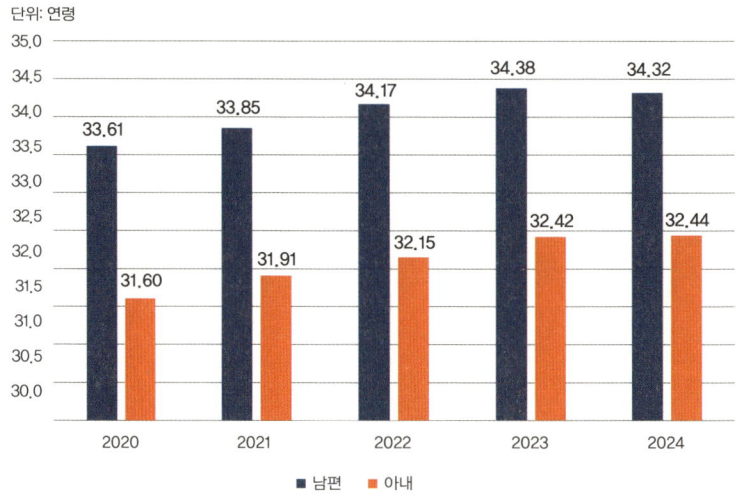

서울시 연도별 초혼 연령(2020~2024년)   출처_서울 열린데이터광장

률이 높아 다 떨어져서 아이를 영어 유치원으로 보낼 수밖에 없다" 라며 웃지 못할 경험을 털어놓기도 했다.

전국, 서울시 0~4세 인구 추이 (2020~2024년)

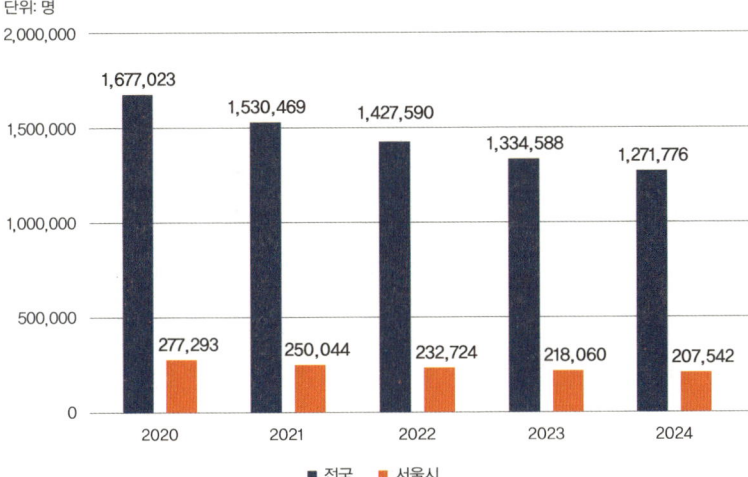

서울시, 동대문구 0~4세 인구 추이 (2020~2024년)

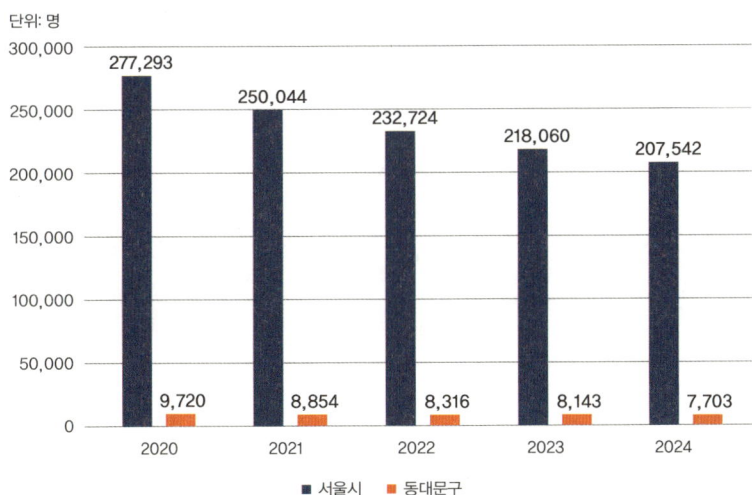

② 양천구 목동신시가지

다음으로 살펴볼 단지는 양천구 목동신시가지다. 이 아파트는 이미 40년 가까이 돼 정밀안전진단을 최종 통과하고 정비계획이 수립돼 있다. 따라서 2026년 중에 시공사 선정이 예상된다. 실제로 아파트가 매우 오래돼 지하 주차장이 없는 등, 재건축이 절실한 시점이기도 하다.

이곳은 총 1~14단지로 구성돼 있으며 이 지역 사람들은 '목동

양천구

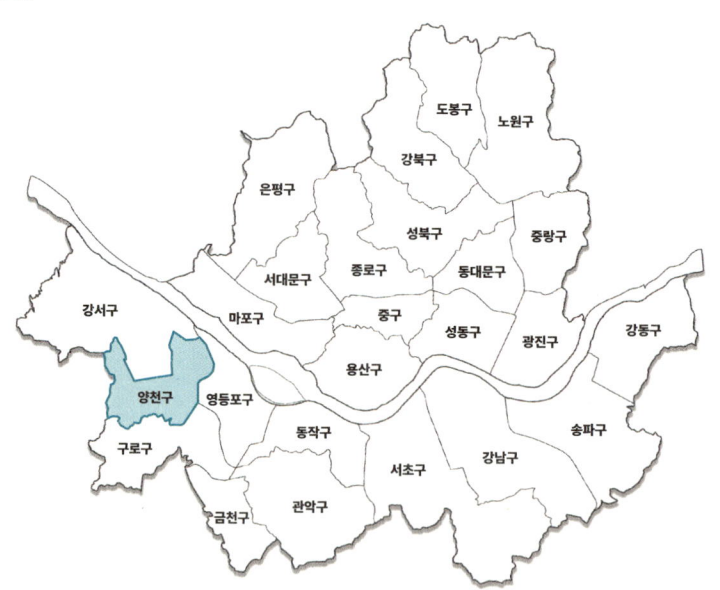

양천구 목동신시가지 아파트 전경

출처_양천구청

양천구 목동신시가지 아파트 개요

용도	아파트
브랜드/건설사	목동신시가지/삼성건설, 현대건설 외 17개 사
주소	양천구 목동, 신정동 일대
준공연월	1985년 11월~1988년 10월
동수	392개 동
층수	지상 5~15층/20층
세대수	26,635세대

아파트 1단지', '목동아파트 2단지'처럼 간단히 '목동아파트'와 단지 숫자만 붙여서 부르곤 한다. 목동신시가지 아파트는 목동과 신정동 2개 동에 걸쳐 있을 정도로 대규모인데, 절반은 목동에(1~7단지), 나머지 절반은 신정동(8~14단지)에 있다. 단지와 동별로 저층, 고층 구성이 매우 다양하다.

목동신시가지는 넓은 범위에 걸친 만큼 단지별로 배정되는 초등학교도 매우 다양하다. 1~2단지는 월촌초등학교, 3~4단지는 영도초등학교, 5~6단지는 경인초등학교, 7단지는 목운초등학교와 서정초등학교, 8단지는 서정초등학교, 9단지는 신서초등학교, 10단지는 양명초등학교, 11~12단지는 계남초등학교, 13~14단지는 갈산초등학교에 주로 배정된다.

지하철역 또한 단지 위치에 따라 5호선(신정역, 목동역, 오목교역), 2호선(신정네거리역, 양천구청역), 9호선(신목동역) 등 접근할 수 있는 역과 호선이 다양하다. 특히 6단지는 목동역까지 30분 이상 걸리며, 다른 단지 중에도 역과 다소 떨어진 곳이 있다. 한 아파트 안에서도 입지와 조건에 차이가 있는 만큼, 여기서는 모든 동이 15층 이상 고층이면서 20평형대가 있는 목동신시가지아파트 14단지를 기준으로 분석하겠다.

목동신시가지(14단지) 아파트는 2021년 3분기에 13억 7,500만 원으로 최고점을 기록하고 이후 2023년 1분기까지 약 26.5% 하락해 10억 1,100만 원까지 내려갔다. 이후 다시 꾸준한 상승세를 보

목동신시가지 아파트 단지 위치

출처_네이버 지도

목동신시가지 단지별 가까운 역

단지	역(호선)
1	신목동역(9)
2	목동역(5)
3	오목교역(5), 신목동역(9)
4	신목동역(9)
5	목동역(5)
6	목동역(5, 도보 30분 이상)
7	목동(5)

단지	역(호선)
8	목동역(5)
9	목동역(5), 양천구청역(2), 신정네거리역(2)
10	신정네거리역(2)
11	신정역(5)
12	양천구청역(2)
13	양천구청역(2)
14	양천구청역(2)

목동신시가지(14단지) 매매가격 추이(2020~2025년)

이며 2024년 4분기에는 13억 6,000만 원, 2025년 1분기에는 소폭 하락한 13억 3,600만 원을 기록한 후 재반등해 2분기에는 14억 9,400만 원으로 W파고를 달성했다.

(2025년 3월 7일 기준) 목동신시가지아파트 14단지는 재건축 후 최고 49층, 5,123세대(현재, 3,100세대)로 탈바꿈할 예정이다.[11] 이 단지는 2호선 양천구청역 인근에 있으며 안양천과 양천공원, 양천해누리 체육공원 등이 주변에 있다. 시공사 선정을 앞둔 목동신시가지 14단지는 주변 환경 개선에 대한 기대와 브랜드 프리미엄 등 다양한 장점을 갖추고 사람들의 꾸준한 관심을 받으리라 예상된다.

③ 송파구 송파위례24단지꿈에그린

이번에 알아볼 단지는 위례신도시의 대장 아파트인 송파구 장지동의 '송파위례24단지꿈에그린'이다. 이 단지를 분석하기에 앞서 '위례신도시'가 어떻게 구성됐는지 간략히 정리하고 넘어가자.

위례신도시는 서울시 송파구 장지동·거여동 일부, 경기도 성남시 창곡동·복정동 일부, 경기도 하남시 학암동 등 3개 시 일대에 조성된 2기 신도시다. 참여정부 시절 8·31 부동산 대책의 일환으로

송파구

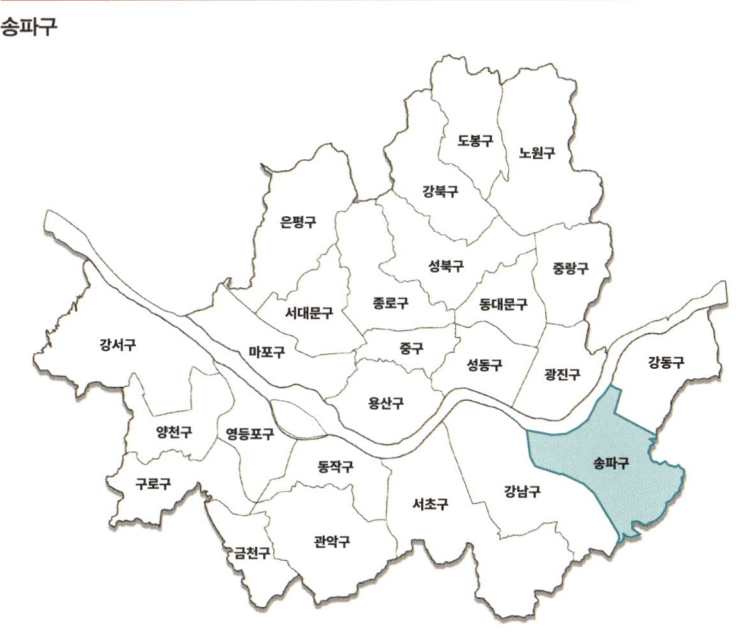

발표됐으며, 계획 당시 명칭은 '송파신도시'였다. 강남 지역의 안정적인 주택 수급과 서민층 주거 안정 도모, 부동산 투기 억제라는 목표하에 기획됐다. 신도시 조성을 위해 송파구와 성남시 일대에 주둔하던 군부대를 이전하고 그린벨트 해제도 착수됐다. 2008년부터 착공에 들어갔는데 2013년 말에 보금자리주택인 24단지와 22단지부터 입주가 시작됐다. 이 책에서는 위례신도시에서 처음 입주를 시작했으며 공공분양 단지로서 세대수가 가장 많은 '송파위례24단지꿈에그린'을 분석한다.

이 단지는 송례초등학교, 송례중학교를 모두 품은 초품아이자 중품아 단지다. 지하철 교통편으로는 위례선 복정역까지 도보로 20분

송파구 송파위례24단지꿈에그린 개요

용도	아파트
브랜드/건설사	꿈에그린/한화건설
주소	송파구 장지동
준공연월	2013년 11월
동수	22개 동
층수	지하 1층, 지상 12~21층
세대수	1,810세대
세대별 면적	51~84㎡

정도 걸린다. 그러나 2027년 준공되는 위례신사선의 위례중앙광장역과는 도보 5분 거리에 근접할 것이다.

송파위례24단지꿈에그린은 2022년 1분기 13억 원으로 최고점을 기록했다. 이후 2022년 4분기까지 하락해 약 8억 7,300만 원을 기록하고 다시 반등해 2025년 2분기에는 12억 1,600만 원으로 올라왔다. 아직 최고점인 2022년 1분기 수준까지는 도달하지 못했으나 2026년에도 시중금리 하락, 유동성 증가와 함께 상승 기조를 꾸준히 이어갈 것으로 예상된다.

송파위례24단지꿈에그린 출처_호갱노노

송파구 송파위례24단지꿈에그린 매매가격 추이 (2020~2025년)

④ 노원구 한진한화그랑빌(feat. 9억 원 미만 서울 아파트)

낮은 가격에 접근할 수 있는 서울 아파트는 없는지 궁금해하는 사람이 많다. 그런데 가격이 낮다는 게 어느 정도일까? 상대적인 문제지만, 일반적으로 양도소득세와 종합부동산세를 산정할 때 납부 기준이 되는 고가주택은 12억 원, 취득세는 9억 원 이상을 기준으로 한다. 이는 2002년 소득세법 시행령 때부터 생긴 법규다. 따라서 이번 장 마지막에는 9억 원 미만으로 접근할 수 있는 단지를 한 곳 소개하고자 한다.

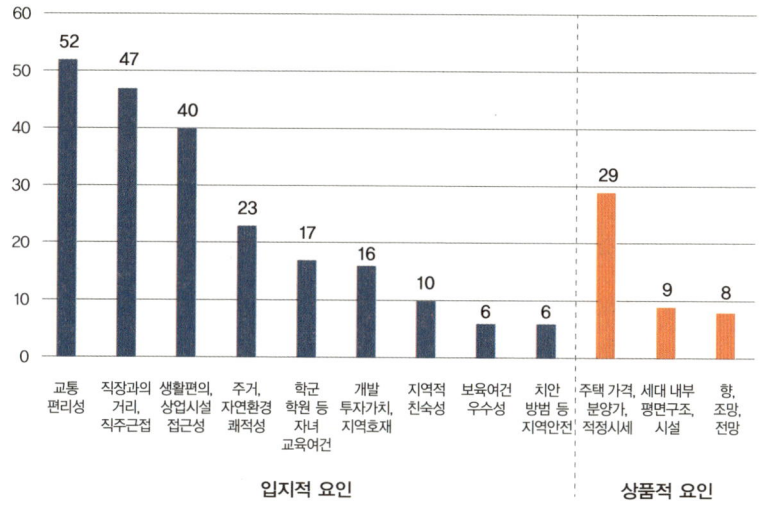

한국갤럽에서 '현 거주 주택으로 이사 결정 과정에서 주요 고려 요인'이라는 제목으로 설문조사(총 1,324명)를 시행했다. 조사 결과는 다음과 같았다. 1위는 교통 편리성, 2위는 직주근접성, 3위는 생활편의성이었다. 결국 가장 중요한 조건은 직장까지의 교통 접근성이다. 따라서 여기서는 9억 원 미만이라는 가격 조건에 더해, 가장 중요한 대중교통망인 '지하철'역이 가까우며 다른 조건들도 충족하는 아파트 단지를 찾아봤다.

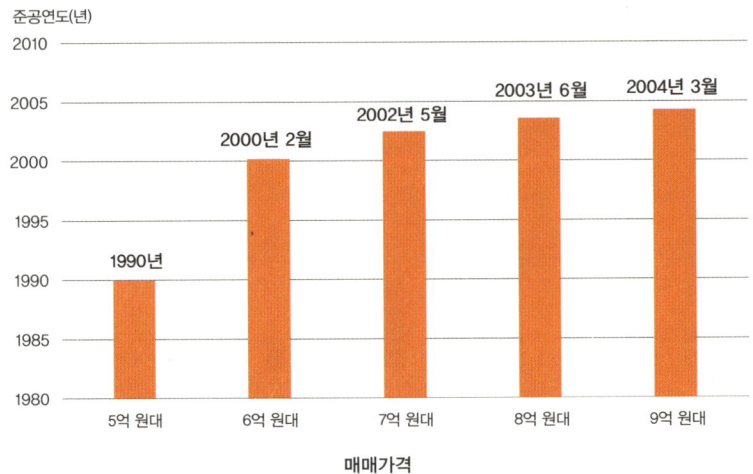

20평대 아파트의 금액대별 준공연도를 살펴보면 그래프와 같이 금액이 올라갈수록 연식이 최근에 가까워진다는 사실을 알 수 있다. 즉, 오래된 아파트일수록 저렴하다. 한편 위 그래프에서는 서울시 25개 구 전체의 실거래가를 기준으로 산출한 만큼 금액대가 다소 높아 보일 수도 있다.

앞서 서울 내 여러 지역을 살펴봤는데, 대표적으로 서민 주거 단지가 밀집한 강북3구(노원구, 도봉구, 성북구)를 아직 다루지 않았다. 이번에는 그중 한 곳인 노원구의 9억 원 미만 아파트, 월계동 '한진한화그랑빌'을 분석했다.

노원구

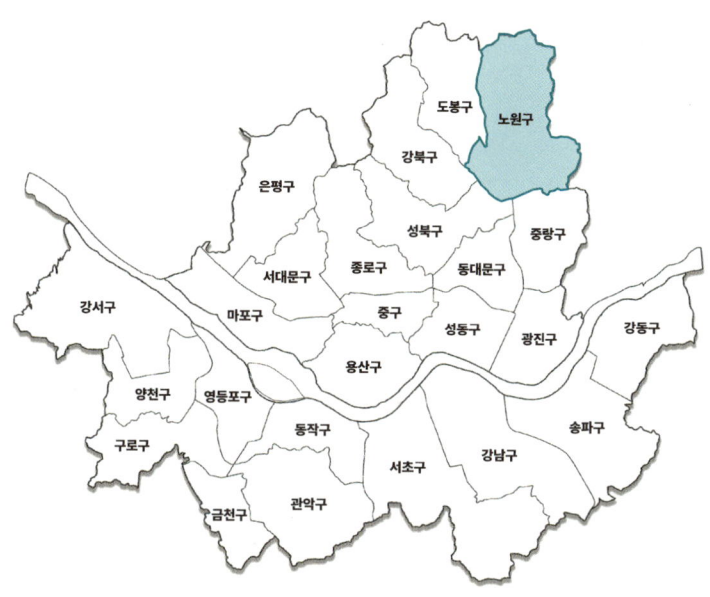

한진한화그랑빌은 2001년 준공된 아파트로 3,003세대가 모인 대규모 단지다. 총 25개 동이며 지하는 3층, 지상은 12~28층으로 구성됐다. 또한 20평대부터 40평대까지 세대별 면적이 골고루 분포한다.

중랑천 하천변에 있으며, 지하철은 석계역과 가장 가깝고 하천을 건너면 태릉입구역도 도보로 갈 수 있는 수준이다. 또한 대규모 단지인 만큼 상가도 꽤 크고 다양하다. 편의시설로는 이마트 월계점(자차 3분), 코스트코 상봉점(자차 15분), 삼육서울병원(자차 10분), 서

한진한화그랑빌 전경 출처_부동산뱅크

한진한화그랑빌 개요

용도	아파트
브랜드/건설사	그랑빌/한진중공업, 한화건설
주소	노원구 월계동
준공연월	2001년 6월
동수	25개 동
층수	지하 3층, 지상 12~28층
세대수	3,003세대
세대별 면적	59~139㎡

| 한진한화그랑빌 | 출처_네이버 지도 |

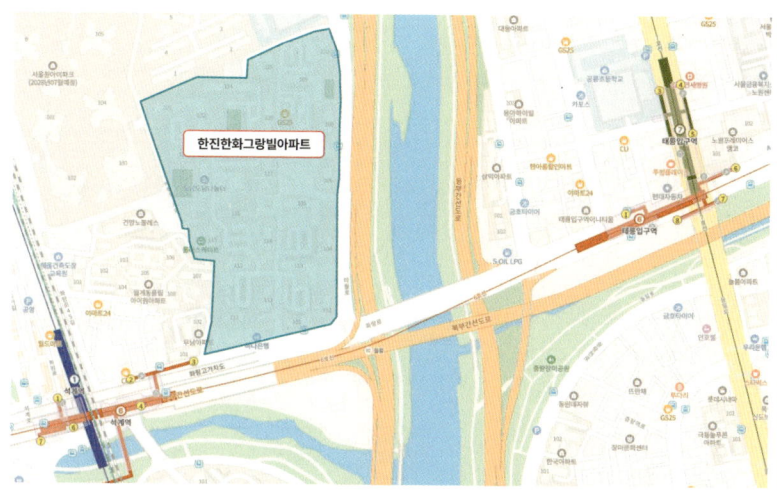

울성심병원(자차 10분), 롯데백화점 청량리점(자차 15분) 등이 있다. 북문이 한천초등학교와 연결된 초품아 단지고, 인근 중계동 학원가와 접근성이 좋아 교육환경도 준수하다.

한진한화그랑빌은 2021년 3분기에 8억 5,800만 원으로 최고가를 기록했다. 그때부터 2023년 1분기까지 하락해 약 6억 3,000만 원을 기록한 후 다시 꾸준히 상승했다. 2025년 2분기에는 약 7억 8,800만 원 수준이다. 아직 2021년 3분기 최고점에는 도달하지 못했지만 그래프상으로도 꾸준한 상승세임을 알 수 있다. 한진한화그랑빌 아파트 가격은 6·27 대책의 영향을 받지 않기에, 전반적 상승 기류에 따라 '상승 도미노'가 나타날 가능성이 크다.

한진한화그랑빌 매매가격 추이(2020~2025년)

대장 단지 분석으로 보는 5가지 인사이트

① 서울 인구가 줄어도 가격 상향 트렌드는 지속될 가능성이 크다

서울 총인구는 줄고 있지만 세대수는 꾸준히 증가하면서 주거 수요가 유지되고 있다. 특히 1~2인 가구 중심으로 이뤄지는 핵가족화가 중소형 아파트 수요를 견고하게 뒷받침한다. 서울시 인구 감소세로 집값 하락을 예상하는 건 속단이다.

② 강남권 아파트는 가장 빨리, 가장 큰 폭으로 전고점을 돌파했다

《부동산 트렌드 2025》에서 예측한 강남권 4개 단지(헬리오시티, 반포자이, 도곡렉슬, 잠실 엘리트) 모두 2024년 하반기부터 2025년 상반기 사이 W파고를 돌파하며 최고가를 경신했다. 이는 전체 시세를 견인하는 강남권 아파트인 만큼 서울 부동산 가격 상승의 시발점으로 판단된다.

③ 한강권과 강북권에 나타난 '상승 도미노' 현상

고덕 그라테온, 왕십리 뉴타운, 마포래미안푸르지오 등 한강변 주요 단지는 2024년 하반기부터 상승 반전을 보이며 W파고 돌파에 성공했다. 경희궁자이, DMC파크뷰자이 등 강북 주요 단지도 상승 기조를 따라가고 있다. 이는 강남권 가격 상승이 한강권과 강북권 주요 단지에 파급되는 '상승 도미노' 현상을 보여준다.

④ 도시 재생의 교과서 '청량리 더블 랜드마크'의 대변신

초고층 랜드마크로 변모한 청량리는 도시 재생의 대표 사례다. 30대 인구 유입을 통해 주거 선호지로 부상하는 청량리에 새롭게 주목할 필요가 있다. 실제 가격 또한 분양가 대비 60~98%에 달하는 시세 상승으로 그 가치를 입증하는 중이다.

⑤ 9억 원 미만 아파트, 6·27 & 9·7 대책의 무풍지대

노원구 한진한화그랑빌 사례에서 알 수 있듯 9억 원 미만 실수요 단지들도 금리 하락과 유동성 회복 흐름 속에서 서서히 회복세를 보인다. 그리고 6·27 & 9·7 대책과 무관하게 충분히 대출받을 수 있는 지역인 만큼 상승세를 누릴 가능성이 크다. 서울 아파트 시장에 지역적으로 상승 도미노 현상이 나타나는 데 더해, 더욱 낮은 가격대에서도 동일한 현상을 기대할 수 있다.

Part 6

부동산 가격 大예측
1

서울 아파트 가격 시나리오

강북이 현재까지 정체 상태였다는 점은 향후 상승 잠재력이 있다는 뜻으로 해석할 수 있다. 즉, '강북 아파트 시장은 더 이상 오르지 않는다'라기보다는 향후 상승 가능성이 있다는 관점으로 바라봐야 한다.

'집값 상승 도미노', 시간의 문제다

2025년 8월 현재, 우리는 서울 부동산 시장의 숨이 멎은 듯한 분위기 속에 다양한 의견이 엇갈리는 혼돈기를 지나고 있다. '서울 일시정지 이론'이 여전히 작동하는 모양새다.

이를 추동한 원인은 '6·27 대책'이다. 주요 쟁점은 다음과 같다. 첫째, 6·27 대책은 얼마나 오래 지속될 것인가? 둘째, 대책이 실제로 어느 정도 효과를 발휘할 것인가? 셋째, 만약 6·27 대책의 효과가 약해지거나 사그라든다면, 정부는 어떤 후속 대책을 제시할 것인가?

필자는 《부동산 트렌드 2025》에서 제시한 공급 대책, 즉 기축 시장의 관심을 분양 시장으로 전환하기 위해 강남권 국공유지를 대상으로 20~30% 할인된 아파트를 공급하는 대책이 나오지 않는다면 6·27 대책의 효과는 매우 제한적이리라 본다. 그 이유는 다음과 같다.

첫째, 2호선 외곽 아파트 단지(강북 지역 및 관악구·구로구·금천구 등)에는 6·27 대책과 관계없이 매입할 수 있는 아파트 물량이 다수 존재한다.

둘째, 6·27 대책 이전과 이후 부동산 시장 외부 상황은 변화가 없다. 국제 경제, 인플레이션(관세로 인한 글로벌 인플레이션 가능성), 지속적인 금리 인하와 유동성 확대, 2029년까지 이어질 심각한 서울시 공급 부족 상황은 6·27 대책 이전과 2025년 8월 현재 똑같다. 오히려 관세협정 타결로 불확실성이 감소했다.

필자의 사견을 바탕으로 이어질 상황을 예측해보면 다음과 같다.

첫째, 6·27 대책은 저가 아파트 시장에는 별다른 영향을 일으키지 않으며, 중가 및 고가 아파트 수요에 더 큰 영향을 미친다. 다만 초기에는 모든 가격대 아파트 수요층에 충격을 줘 일시적으로 거래량이 줄어들 수 있다. 하지만 중기에는 저가 아파트가 6·27 대책의 영향에서 벗어나면서 해당 시장에 다시 수요가 유입될 가능성이 있다.

둘째, 일부 아파트의 표피가격은 하락할 수 있지만 본질적인 가격은 (약한) 상승세를 유지한다. 6·27 대책은 인위적으로 금융 접근성을 제한한 것일 뿐, 외부 경제 상황과는 무관하다. 외부 시장 상황이 부동산 가격 상승에 우호적인 환경으로 향하는 가운데 접근을 제한한 것에 불과하다. 따라서 표피가격과 본질가격이 서로 다르게 움직일 수 있다. 즉, 본질가격은 본질가격대로 움직이는데 표피가격(거래가격)은 다르게 나타나는 양상이다.

예를 들어 구별 평균 가격은 하락할 가능성이 있다. 과거 해당 지역에서 고가주택 10채가 10억 원에 팔리고 저가주택 10채가 1억 원에 팔렸다면 지역의 평균 주택 가격은 (10채×10억 원+10채×1억 원)÷20채= 5.5억 원이다.

그런데 고가주택의 매수세가 사라지면서 고가주택은 하나도 팔리지 않고 저가주택 10채만 1억 원에 거래된다면 지역 평균 가격은 (10채×0원+10채×1억 원)÷20채= 5,000만 원으로 급락한다. 물론 극단적인 상황을 가정한 결과지만, 요지는 평균 가격이 하락한 것처럼 보인다는 점이다.

이때 저가주택 가격이 1억 원에서 2억 원으로 100% 상승하더라도 고가주택 거래가 여전히 없다면 평균 가격은 동일하게 하락한 것처럼 보일 수 있다.

이런 상황에서 표피가격만을 바탕으로 평균 가격이 떨어졌다고 주장할 수 있을까? 그렇지 않다. ==고가주택 거래가 없다는 사실과 고가주택 가격이 하락하는 건 별개의 문제다.== 즉, 고가주택은 거래가 없어서 가격을 알 수 없으나 본질가치는 인플레이션만큼 상승하고 있을지도 모른다.

셋째, 구별 평균 가격은 떨어지는데 일부 단지별 동일 평형대에서는 가격이 상승하는 경우가 생길 수 있다. 앞선 설명처럼 저가주택 물량이 많아지면 평균은 하락할 수 있다. 그러나 저가주택이 6·27 대책의 무풍지대가 된다면 저가주택 단지의 동일평형대 가격은 상승할 가능성이 크다.

이 3가지 상황을 바탕으로 저가와 고가 시장, 서울시 전반으로 분리해 분석한 결과는 다음과 같다.

① **저가 아파트 시장**

강남 아파트 가격이 2024~2025년 2분기까지 급등한 여파는 2025년 상반기 저가 시장에도 영향을 미쳤다. 이 변화는 2025년 1분기와 2분기 거래량 변화에서 뚜렷하게 나타난다. 1분기 강남3구 아파트 거래량은 4,426건이었으나 2분기 거래량은 2,600건으로 대폭 감소했다. 이는 가격이 단기간에 지나치게 상승하면서 거래가 정체된 것으로, 고가 시장이 약한 상승 상태로 진입했기 때문이다.

반면 노도성(노원구, 도봉구, 성북구)은 전혀 다른 양상을 보였다. 1분기 거래량은 강남3구보다 못한 2,364건이었으나 2분기에는 3,809건으로 급증했다. 이는 2020년 3분기 이후 가장 큰 수치였으며, 강북권 아파트에 매수세가 강하게 유입된 상황을 보여준다. 여기서 우리가 유념할 부분은 두 가지다.

첫째, 노원구를 비롯한 2호선 외곽 지역 아파트 가격은 강남구 가격이 상승하기 시작한 2023년부터 2025년 2분기까지 약 2년 반 동안 정체 혹은 아주 약간 상승했다. 따라서 ==노도성에는 가격 상승 여력이 있다.==

둘째, 서울시 아파트 시장의 과거 흐름을 살펴보면 강남이 먼저 상승한 뒤 강북 가격이 오르는 패턴을 보였다. ==장기간 누적상승률을 보면 강남과 강북의 상승률이 비슷하다.== 따라서 강북이 현재까지 정체 상태였다는 점은 향후 상승 잠재력이 있다는 뜻으로 해석할 수 있다. 즉, '강북 아파트 시장은 더 이상 오르지 않는다'라기보다는 향후 상승 가능성이 있다는 관점으로 바라봐야 한다.

6·27 대책 발표 이후, 고가와 저가 아파트 시장 모두 일시적으로 침체 상태에 들어갔으나 앞서 언급했듯이 저가 아파트 시장은 대책의 영향을 받지 않기 때문에 계산이 빠른 수요층은 다시 시장에 진입할 가능성이 크다. 이에 따라 강북권 '상승 도미노'는 여전히 유효할 것이다. 분석에 따르면 저가 시장에서는 대략 3~6%의 상승세가 나타날 것으로 보인다.

② 고가 아파트 시장

강남 아파트 가격은 2024~2025년 2분기 사이에 지나치게 빠른 속도로 상승한 만큼 2025년 2분기부터 이미 정체 조짐이 나타나기 시작했다. 거래량이 1분기 대비 급격히 줄어들었다는 사실에 미루어 짐작할 수 있다.

6·27 대책은 고가 시장에 영향을 미칠 것으로 보인다. 부유한 계층이라 하더라도 대출을 이용해 아파트를 매입한다면 최대 6억 원까지 빌리고 나머지 금액을 마련하는 데 자기 자본이 많이 필요하기 때문이다. 이처럼 대출 한도가 줄어들면 자기 자본 부담이 커지는 만큼 일부 고가 아파트 수요가 위축될 가능성이 있다. 다만 그럼에도 현금 동원력이 있는 부유층이 고가 아파트에 진입하는 사례가 나타날 수 있다.

거래량이 감소하는 가운데 현금 동원력이 있는 일부 수요층이 시장에 참여한다면 본질가격이 인플레이션에 맞춰 상승하는 가운데 일부 슈퍼스타 단지에서는 신고가도 등장할 수 있다. 반대로 일부 단지에서는 하락 거래가 나올 가능성이 있다. 거래량 급감으로 어쩔 수 없이 급매하는 경우다.

필자는 향후 신고가와 하락 거래로 혼란스러운 상황이 펼쳐지더라도 본질가치는 인플레이션 수준에 맞춰 상승하리라 예상한다. 분석에 따르면 고가 단지에서는 대략 1~4% 사이의 움직임이 있으리라 본다.

③ 서울 아파트 시장 전반

2025년 2분기 서울시 아파트 거래량은 25,388건이다. 이는 2020년 1분기 이후, 즉 2020년대 들어 가장 많은 수치다. 즉 서울시 아파트 시장은 기저에서 상승으로 반전한 상태다. 이 안에서 노도성 지역 거래량이 강남3구보다 더 많다는 사실에는 두 가지 중요한 의미가 담겨 있다.

먼저 **2024년 시작된 집값 슈퍼사이클이 여전히 진행 중이라는 것이다**. 물론 6·27 대책으로 말미암아 단기적으로 시장이 정체된 것으로 보이지만 이는 제한적이다. 다음으로는 본질가격이 여전히 (인플레이션만큼) 조금씩 우상향하는 가운데, **강북 지역으로 '상승 도미노'가 이어질 가능성이 있다**.

서울시 전체 거래량에서 강북권 비중이 점차 커지고 강남권 비중은 감소하면서, 시장이 강북권의 영향을 받는 상황이 만들어지고 있다. 이에 따라 서울시 아파트 시장은 2~5% 사이의 상승세를 보일 것으로 예측된다.

강남3구, 노도성 아파트 거래량(2006~2025년)

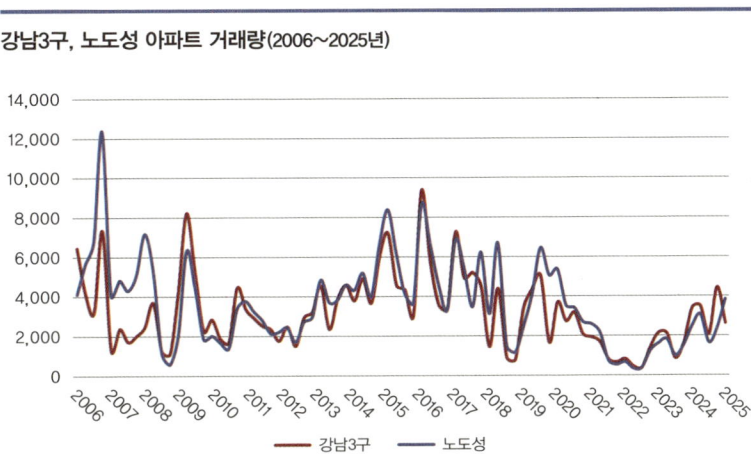

서울시 전체 아파트 거래량 중 강남3구, 노도성 비중(2006~2025년)

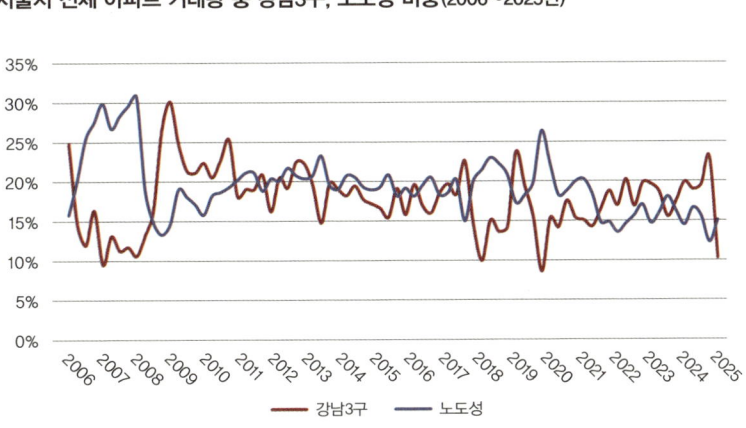

> **Information**

주택 보유 시 적정한 부담을 주는 정책을 제시하라

2025년 상반기, 서울시 고가 아파트가 신고가를 경신하고 서울을 포함한 수도권의 거래량이 살아나며 가격 상승 기대감이 퍼지자 정부는 다시 한 번 시장에 개입하기 시작했다.

이른바 '6·27 대책'은 주택담보대출을 최대 6억 원으로 제한하는 내용을 골자로 한다. 이 정책은 얼핏 보면 과거에도 익숙했던 수요 억제 방식처럼 보인다. 그렇다면 문제는 단순하다. 효과가 있을까?

하지만 답은 그렇게 단순하지 않다. 왜냐하면 '수요 억제'라는 이름으로 묶이는 정책의 성격이 전부 같지 않기 때문이다. 목적은 같지만 그 작동 방식과 시장에 미치는 심리적 효과는 서로 다르다. 따라서 단지 '수요 억제책'이라고 말하기 전에 어떤 방식으로 수요를 억제하려는 것인지, 그리고 그 방식이 현실 시장의 심리와 구조에 부합하는지 살펴볼 필요가 있다.

수요 억제 정책은 단일한 형태가 아니다. 크게 나눠보면 다음과 같은 두 갈래로 구분된다. 첫째는 시장 진입 자체를 차단하거나 제한하는 방식이다. 이는 곧 접근성을 낮추는 정책으로, 대출 한도를 제한하거나(주택담보인정비율·총부채원리금상환비율 규제 강화 등) 처음부터 주택을 살 수 있는 자격을 제한하는 방식이다. 6·27 대책은 바로 이 범주에 속한다. 대출 총량을 제한해 주택에 접근하려는 수요 자체를 막는 것이다. 둘째는 시장 진입은 허용하되, 부동산을 보유하거나 이용하는 과정에서 경제적 부담을 부과하는 방식이다. 이는 보유세 인상 또는 차등적 금융 비용 부과 등의 수단으로 실현된다. 쉽게 말해 들어오되 '가볍게' 머물 수 없도록 만드는 구조다. 이 경우 단기 투기성 수요는 줄고 실거주 또는 장기 투자 목적 수요만 남는다. 시장 내 참여자를 거르고 기대심리를 낮추는 데 효과적인 방식이다.

결국 핵심은 다음과 같다. 진입을 어렵게 할 것인가, 보유를 어렵게 할 것인가. 또는 이 둘을 어떻게 조합할 것인가.

이번 대책의 구조를 다시 보자. 주택담보대출 총액을 6억 원으로 제한한다는 것은 고가주택 구매자들이 일정 규모 이상 대출을 받을 수 없도록 막겠다는 뜻이다. 특히 올 상반기 현재 33평대 아파트 서울 평균 및 중위 거래가격이 13억~14억 원 선임을 볼 때, 이번 조치는 평균(혹은 중윗값) 이상의 많은 주택 수요자를 대상으로 '시장 진입 문턱'을 높이는 결과를 낳는다.

정책 의도는 명확하다. 고가주택을 살 능력이 제한되면 시장 전체의 수요가 둔화하고, 이에 따라 가격 상승 압력이 낮아질 것이라는 가정이다. 그러나 이 접근에는 명백한 한계가 있다. 과거 사례들이 증명하듯 접근성만을 제한하는 정책은 시장의 가격 기대를 꺾기에는 역부족이다. 돈을 가진 자들은 여전히 현금을 동원하거나 대출을 우회하는 방식으로 제한을 극복할 수 있다. 따라서 금융 접근성이 상대적으로 낮은 중산층과 서민이 고소득층보다 더 큰 어려움을 겪을 가능성이 있다.

금융 접근성 제한 정책은 모든 계층을 대상으로 하지만, 실제 부담은 중산층과 서민층에 더 크게 작용할 수 있다. 고소득층은 자산 여력이 있고 가족 간 자금 이동이나 사적 금융을 통해 우회할 여지가 많기 때문이다. 오히려 시장 진입을 막는 방식보다는 보유 시 '적정한 부담'을 부과하는 정책이 더 실효적일 수 있다.

즉, 시장에 들어가는 문턱을 높이는 것만큼이나 진입 이후 '체류 비용'을 높이는 전략도 병행해야 한다. 이런 방식이야말로 투기 수요를 억제하고 실수요 중심의 시장 구조로 전환하는 데 유효하다.

첫째, 보유세 인상이 시급하다. 현재 한국의 실효 보유세율은 0.1% 수준에 머무른다. 이는 OECD 국가 중 가장 낮은 축에 속하며, 심지어 미국 내에서도 보유세율이 최저 수준인 하와이(0.3%)보다도 낮다. 이처럼 보유에 대한 부담이 약한 상황에서는 고가주택을 보유하더라도 실질적인 부담이 없다. 이는 '잉여' 자산 보유를 유도하고 다주택 보유자의 '버티기'를 강화하는 기제로 작동한다. 따라서 실효 보유세율을 최소한 0.3% 수준까지 인상해 보유 시 적정한 부담을 느끼게 해야 한다. 다만 문재인 정권의 종합부동산세처럼 전문가마다 계산 방법과 금액이 다른 징벌적 세제는 철폐하는 방안을 병행해야 한다.

둘째로 고가주택 대출에 차별적 금리를 부과하는 방식을 적극 검토해야 한다. 미국에는 이미 잘 작동하는 제도가 있다. 바로 '점보 모기지Jumbo Mortgage'다. 미국에서 고가주택을 구입하는 경우, 일반 주택대출(프라임 모기지Prime Mortgage)보다 1~3% 높은 금리를 부담해야 한다. 이는 단지 가격 차이에 따른 금융 차등이 아니라, 고가주택은 그만큼 리스크가 큰 자산이라는 금융시장적 판단에 기초한 제도다.

한국도 마찬가지다. 서울 일부 아파트 단지의 경우 단순한 주거 수단이 아니라 '트로피 자산'으로 기능한다. 보유 자체가 지위와 프리미엄을 담보하는 자산인 셈이다. 하지만 그런 성격이 있다고 해서 안전자산이라는 뜻은 아니다. 오히려 고가주택은 가격 변동성이 크고 외부 충격에 민감한 위험자산이다. 따라서 금융기관은 그에 따른 '위험 프리미엄'을 부과해야 하며, 정책당국 역시 이를 제도화함으로써 시장의 위험 인식과 기대 수익률을 동시에 낮추는 효과를 노려야 한다.

6·27 대책은 수요 억제라는 목적에 공감할 수 있을지 몰라도, 접근성만 제한하고 보유 부담을 그대로 둔 상태에서는 효과가 제한될 수밖에 없다. 이제 필요한 것은 '수요 억제'라는 허울뿐인 슬로건이 아니라 잘 디자인된 정책이다. 복합적이고 다층적인 시장을 이해하고, 이를 설계할 수 있는 전략적 정책이 필요한 이유다.

부동산 가격 大예측

2

대한민국 부동산 시장이 가야 할 방향

한국 세제는 자산 보유에 유리하고 거래에는 불리하게 설계됐다. 이런 구조는 주택 장기 보유를 부추기고, 자산 격차를 더욱 고착화한다. 한 예로 우리나라에서는 15억 원 상당 아파트를 보유한 가구보다, 5,000만 원 상당 자동차 2대(합계 1억 원)를 보유한 가구가 더 많은 세금을 낸다.

'강남 집값을 잡아야 한다'라는 착각

강남 집값이 빠르게 오르면 많은 사람이 패닉에 빠진다. 언론은 "집값을 잡아라"라고 외치며 정부 개입을 요구한다. 이 현상은 2000년 이후 반복해서 나타나는, 일종의 한국적 주기다. 노무현 정부 시절에도, 문재인 정부 시절에도, 2025년 현재도 이 흐름은 같다.

흥미롭게도 집값이 떨어지면 언론은 또다시 "하락세가 우려되니 대책을 마련하라"라고 주장한다. 요지는 명확하다. 집값이 오르면 정부가 나서서 끌어내리고, 내리면 다시 떠받쳐야 한다는 말이다. 이 같은 주장은 정부가 집값을 통제할 수 있다는 믿음, 그리고 자본주의 정부가 시장 가격을 직접 조절해야 한다는 발상에서 출발한다.

매우 반(反)자본주의적인 시각임에도 한국 사회의 언론과 여론은 이를 당연시한다. 이렇게 왜곡된 인식이 오히려 지금까지 부동산 정책을 망치고 시장을 불안정하게 만들었다. 자본주의를 지향하는 어떤 선진국 대학에서도 "정부가 집값을 잡아야 한다"라고 가르치지 않는다. 그들의 정책 목표는 오직 주택 접근성(Housing Affordability) 또는 주거비 부담 능력 강화에 초점을 맞춘다. 중산층과 서민이 양질의 주택을 적당한 가격에 임차하거나 매입할 환경을 조성하는 것이 핵심 과제다.

하지만 우리나라 언론과 대중은 "강남 집값을 잡아야 한다"라는 확증편향에 사로잡혀 있다. 강남 집값만 떨어지면 부동산 문제가 모두 해결될 것처럼 말이다. 이는 집단으로 강화된 착각이며, 특정 정보가 반복되면서 사실처럼 굳은 대표 사례다. 이런 인식이 퍼지면 정책 역시 왜곡될 수밖에 없다.

강남 아파트 가격을 낮추기 위해 강남과 그 주변에 더 많은 고급 아파트를 공급해야 한다는 주장이 이어진다. 공급이 늘어나면 가격이 안정된다는 이론은 겉보기에 그럴듯하지만 실제로는 고급 아파트 일변도의 공급 논리로 흐른다. 이때 소셜 믹스(계층 혼합)를 고려한 중산층·서민 주택은 조용히 사라진다.

예컨대 잠실 엘리트 단지는 과거 서민이 밀집 거주하던 5층 주공아파트였다. 그러나 2007~2008년에 1만 5,000세대에 달하는 고급 아파트로 재건축됐고, 공급 규모가 상당했음에도 강남 집값은 조금도 꺾이지 않았다. 수요가 집중되는 핵심 지역의 가격 상승은 단순한 공급 증가만으로 해결할 수 없다.

'정부 개입'과 '자유시장경제'라는 아이러니

우리나라는 자유시장경제를 표방하지만, 부동산 시장에서는 그 원칙이 자주 무시당한다. 정부의 직접 개입은 가격이 오르거나 내릴 때 더욱 두드러졌고, 좌우를 막론한 여러 정권에서 일관되게 나타났다. 가장 전형적인 형태는 징벌적 규제를 동반한 세제 강화와

대한민국 정권별 부동산 정책

정부	목적	시기	내용
박근혜 정부	시장 활성화	2014년 9월	LTV 50~60% → 70%, DTI 50% → 60%로 완화
문재인 정부	시장 냉각	2017년 6월	청약조정대상지역 LTV 70% → 60%, DTI 60% → 50%로 강화
		2017년 8월	투기과열지구 LTV, DTI 40%로 강화
		2018년 9월	투기지역/투기과열지구 임대사업자대출 LTV 60~80% → 40%로 강화 공시 가격 9억 원 초과 고가주택 신규 매입 주택담보대출 금지
		2019년 12월	LTV 규제 강화, 투기지역/투기과열지구 주택 매입 시 시가 9억 원 이하 LTV 40%, 9억~15억 원 LTV 20%, 15억 원 초과 시 주택담보대출 금지
윤석열 정부	시장 활성화	2022년	2022년 한정 특례보금자리론 출시 (소득 무관) 9억 원 이하 주택 4%대 초반 고정금리 혜택, 만기 최장 50년, 최대 금액 5억 원 LTV 70% 고정 (생애 최초 주택 구매자 80% 특혜)
		2022년 8월	생애 최초 주택 구매자 LTV 80%로 완화 주택 소재지/가격/소득 관계없이 최대 6억 원 대출
		2022년 10월	무주택자가 규제 지역 내 아파트 구매 시 LTV 50% 일원화 15억 원 이상 아파트 대출 가능
		2023년 3월	다주택자 규제 지역 내 주택담보대출 허용(LTV 0% → 30%) 임대·매매사업자 주택담보대출 허용 (LTV 규제 지역 0% → 30% / LTV 비규제 지역 0% → 60%) 서민·실수요자 주택담보대출 한도 폐지 (기존 6억 원 한도에서 LTV/DSR 범위 내 무한정 허용)

대한민국 정권별 세금 정책

정부	종류	시기	내용
박근혜 정부	취득세	2014년 9월	부부 합산 연 소득 6,000만 원 이하 가구 대상, 생애 최초 6억 원/전용면적 85㎡ 이하 주택 구매 시 취득세 전액 면제
	양도세	2013년 4월	9억 원 이하 신규 주택 혹은 미분양 주택 구매자가 취득 후 5년 내 주택 매도 시 양도소득세 면제 매수 5년 이후에 매도 시 시세 차익에 대한 세금 전액 면제, 이후 오른 집값에 대해서만 양도세 징수 다주택자 양도세 중과율 폐지, 기본세율 적용
문재인 정부	취득세	2020년	1월, 4주택 이상에 취득세 4% 적용 7월, 2주택 이상 취득세율 대폭 인상: 1세대 1주택 및 조정대상지역 외 2주택만 기존 1~3% 적용, 조정대상지역 내 2주택 및 조정대상지역 외 3주택 8%, 조정대상지역 내 3주택 이상 및 조정대상지역 외 4주택 이상 12% 적용 법인 취득세 1~3%에서 12% 단일세율로 급등 조정대상지역 내 2주택자 20%포인트, 3주택자 30%포인트 중과
	양도세	2017년	조정대상지역 2주택 기본세율(6~45%) 10%포인트, 3주택 이상 20%포인트 중과 중과 대상자는 장기보유특별공제(6~30%) 적용 배제
		2020년	중과세율 강화, 조정대상지역 내 2주택자 20%포인트, 3주택자 30%포인트 중과
	종부세	2018년	다주택자 중과 법안 발의 및 통과
		2019년	2주택 이하 0.5~2.7% 기본누진세율, 3주택 이상 0.6~3.2% 중과누진세율 적용, 2주택자라도 조정대상지역 내인 경우 중과누진세율 적용
		2021년	2주택 이하 0.6~3.0% 기본누진세율, 3주택 이상 1.2~6.0% 중과누진세율 적용 종합부동산세 공정 시장가액비율은 2018년까지 80%로 유지되다가 2019년 85%, 2020년 90%, 2021년 95%로 증가

윤석열 정부	취득세	2022년	중과 완화 기조, 2주택까지 중과 폐지, 3주택 이상 중과세율 대비 50% 인하한 세율(8~12% → 4~6%) 적용안 상정(시행 X) 시행령 개정으로 일부 주택에 한시적인 중과 배제 조치 시행 조정대상지역 내 다주택 양도라도 보유기간 2년 이상이면서 비수도권 3억 원 이하 주택, 장기임대주택, 상속주택, 일시적 2주택 등의 경우 2023년 5월까지 중과 배제 → 2024년 5월까지 시한 연장 → 2025년 5월까지 1년 더 연장 공제액 상향으로 세 부담 완화 추진, 종합부동산세 공정시장가액비율 인하(2022년부터 60%)로 전체 세액 감소

주택금융 제한이다. 급등기에는 다주택자 세제를 급격히 강화하고 대출을 억제했으며, 반대로 정권이 바뀌면 이 모든 조치를 일시에 철회하고 특혜적 금융 정책을 도입하기도 했다. 이러한 변화는 시장 참여자들에게 "정권이 바뀌면 유리한 조건이 온다"라는 학습효과를 남기며 정책 신뢰도를 심각하게 저해한다.

특히 수요 측면에서 주택금융 정책과 세제의 급격한 변화가 시장을 더욱 불안정하게 만들었다. 대한민국 정부는 주택 수요에 즉각 대응하기 위해 LTV(주택담보대출비율), DTI(총부채상환비율) 및 DSR(총부채원리금상환비율) 등을 조절해왔다. 앞의 표는 박근혜 정권부터 윤석열 정권까지 주택금융 정책의 변화상이다. 일독을 권유하기가 민망할 만큼 혼란스러운 정책의 연속이다. 대한민국 주택 정책은 그만큼 엉망이다.

반복된 정부 개입이 빚어낸 후폭풍

대한민국 부동산 정책의 특징은 잦은 변경과 한시적인 집행이다. 특히 토지거래허가제처럼 자유시장경제 원칙에 반하는 정책이 여전히 존재하는데, 이는 다양한 문제를 야기했다.

첫째, 의도하지 않은 사회적 배제다. 주택 가격이 급등하는 경우 수요를 낮추기 위해 LTV를 강화하는 방향으로 정책이 추진됐다. 이 경우 주택 구매에 필요한 자기 자본 비중이 커지는 만큼 자기 자본이 더 많은 계층으로 수요층이 좁아진다. 자본을 축적하지 못한 계층은 매매 시장 참여 자체가 불가능하다. 주택 가격 안정화가 중요하다 하더라도 이는 사회적 형평성과 공정의 관점에서 볼 때 옳은 방향이 아니다.

둘째, 소비자의 합리적 결정을 방해한다. 부동산은 개인이 구매하는 가장 비싼 재화인 만큼 매우 합리적인 결정이 요구된다. 이를 위해서는 주택 매입에 자기 자금이 얼마나 필요한지, 은행 대출은 어느 정도 가능하며 이자율은 어떤지, 보유 시 비용이나 매년 지불할 세금은 어떻게 될지 큰 틀에서 계산할 수 있어야 한다. 그런데 취득세와 종합부동산세, 양도세가 자주 바뀌면서 이런 판단이 어려워진다. 종합부동산세는 구조 자체가 어려워서 전문가인 세무사와 회계사조차 계산하기 힘들어한다. 그리고 취득세와 양도세는 정권이 바뀔 때마다 춤을 춘다. 이래서는 부동산 시장에 대한 결정이 합리성에 기초할 수 없다. 특히 정권이 바뀔 때마다 세제 강화와 완화가 뒤바뀐다면 가장 합리적인 선택은 무조건 기다리는 것이다. 이렇게 되면 주택을 매매해야 하는 시점에 의사결정을 보류함으로써 시장 메커니즘에 따른 거래가 이뤄지지 못한다.

<u>셋째, 정부 정책에 대한 신뢰성 저하다.</u> LTV가 자주 바뀌면서 자기 부담 비중이 시기에 따라 변화하는데, 매우 한시적인 주택금융 상품(1년 한정 주택금융 특혜 상품 등)이 나오는 경우 사람들은 상황이 어떻든 시장에 참여하려고 한다. 사회적 배제를 경험한 계층은 정책이 자주 바뀐다는 점을 인지했기에, 정책에 대한 신뢰성이 낮아지고 '이번 기회를 꼭 잡아야 한다'라는 결정으로 이어질 수 있다.

이에 더해 부동산 세금 정책마저 자주 뒤집어지면 국가 정책에 대한 신뢰도는 떨어질 수밖에 없다. 특히 토지거래허가제 같은 반(反)자유시장 정책이 정권 성향과 관계없이 유지된다는 점 역시 신뢰성을 극히 낮추는 요소다.

왜 우리에겐 제대로 된 주택 정책 목표가 없나

이처럼 손바닥 뒤집는 듯한 정책이 자주 나타나는 이유는 우리나라에 제대로 된 주택 정책 목표가 없기 때문이다. 앞서 설명한 바와 같이 '집값 잡기'는 정부가 시장에 개입해 가격을 끌어내리는 것을 뜻한다. 자유시장경제 체제에서는 목표로 삼을 수 없는 매우 반시장적인 정책이다. 따라서 해외 주요 국가에서 설정한 주택 정책 목표는 무엇이며 우리 정책 목표와 어떤 차별점이 있는지, 여기서 어떤 시사점을 얻을 수 있는지 논의하고자 한다.

OECD 국가들의 주택 정책을 살펴보면 27개국이 국가 차원의 목표를 제시한다. 주택 질 향상, 적정 주택 거주(보유 혹은 임차) 가능성 증대, 주택 공급량 증가 등이 높은 우선순위에 놓인다. 추가로 지속 가능하고 포용적인 도시개발, 주택 시장 참여 주체들의 성장 역량 증대, 에너지 효율성 향상, 균형 있고 효율적인 주택 시장 조성, 임대 보장 등이 정책 목표로 제시된다.[12]

이 국가들은 '집값 잡기'라는 목표를 명시적으로 설정하지 않는다. 다만 주택 시장의 장기적인 안정과 성장을 목표로 하며, 간접적으로 주택 가격 안정화에 기여한다. 명시적으로 집값을 조절하기 위한 국가의 시장 개입이 없음에도 주택 공급 증가나 효율적인 주택 시장 조성을 통해 결과적으로 가격 안정화 효과가 나타난다.

또한 정책 수혜 대상이 명확한 국가가 많다. 36개국에서는 저소득 가구가 주된 수혜 대상이다. 이외에도 장애인, 노인, 아이가 있는 가정, 청년층, 노숙인 등 다양한 사회적 취약 계층이 포함된다. 이는 주택 정책이 단순히 경제적 이익을 넘어 사회적 포용과 공정을 추구한다는 사실을 보여주며, 모든 계층이 적정 주거를 확보할 수 있도록 돕는 국가의 역할을 강조한다.

대한민국이 지향해야 할 3가지 포인트

OECD 그리고 특히 미국 주택 정책 목표가 우리에게 주는 시사점은 다음과 같다.

①중산층과 서민을 위한 적정 주택 공급

미국의 주택 정책은 단순히 저소득층에 국한되지 않고 중위소득 계층을 포함해 더 폭넓은 대상을 아우른다. 소득 불평등이 커지고 중산층의 주거 부담이 증가하는 가운데 주거 복지 수혜 대상을 넓히려는 정책당국의 의도를 엿볼 수 있다.

②주택 소유 증진의 장점

주택 소유 증진은 수요를 촉진해 부동산 가격을 상승시킬 수 있다. 그러나 장점 역시 상당하다. 주택 소유 확대는 개인의 금융 안정성을 높이고 자산 축적을 가능케 한다. 주택 소유주는 대출을 갚으면서 자산을 축적하며, 부동산 가치 상승으로 자본 이득을 얻을 수 있다. 이는 불확실한 경제 상황 속에서 안정적인 자산으로 작용한다. 또한 주택 소유주들은 거주 지역에 관심과 애착을 갖게 되며, 지역사회의 안정과 발전에 기여한다.[13, 14] 이렇듯 장점이 단점보다 크다면 주택 소유를 진작하는 정책이 필요하다. 주택 소유 장벽을 낮추고 많은 인구가 자산 취득에 참여하게 해야 한다. 그리고 이는 장기적으로 지속 가능하고 안정적인 주택금융 제공과 연결된다.

③ 지속 가능하고 안정적인 주택금융 제공

지속 가능하고 저렴한 주택금융은 개인과 경제 전반에 다양한 혜택을 준다. 특히 자산이 적은 계층(저소득 서민과 사회초년생)에게 초기 자본 부담을 줄여주고 낮은 주택담보 이자를 제공하면 주택을 소유할 기회가 많아진다. 또한 (낮은 수준의) 고정금리 주택금융 비중이 커지면 주거 비용이 안정되고 가계 예산 관리가 용이해져 여유 자금을 저축하거나 투자할 여력이 생긴다. 이는 급격한 주택 가격 변동을 방지해 부동산 시장의 안정성을 높이고 금융위기 위험을 줄인다. 또한 주택 소유자가 주거 비용을 토대로 장기 계획을 세우도록 돕는다.

이러한 접근은 국내 주택 정책이 더 포용적이고 경제적으로 지속 가능한 방향을 찾아가는 데 중요한 역할을 한다. 주택 정책은 단기적인 시장 변동에 대응하기보다는 장기적인 안정과 성장을 목표로 삼아야 하며, 이를 통해 더 많은 시민이 안정적인 주거환경을 누리도록 해야 한다.

장기적 주택 정책 목표 제언

OECD 국가들의 부동산 정책은 주택 소유 확대, 적정 주택 및 공공주택 공급 활성화, 중산층과 서민을 위한 주거 복지 강화 등 다양한 부분을 포괄하며 장기적이고 지속 가능한 정책을 추구한다. 반면 우리는 '집값 잡기'라는 목표 아래 매우 단기적인 처방(부동산 세제와 주택금융 요율 변화, 갑작스러운 공급 대책 등)이 주를 이루었음을 부인하기 힘들다.

이를 극복하는 첫걸음은 자유시장경제에 맞는 정책 목표를 세우는 것이다. 이는 다양한 계층과 정치권의 협의하에 형성되는 사회적 공감대를 바탕에 둬야 한다. 필자가 소고(小考)하는 정책 목표는 다음과 같다.

더욱 많은 사람이 적정한 경제적 부담을 지고, 적당한 주택과 커뮤니티에 오래 거주(임차 혹은 소유)할 기회를 주는 것이다. 즉 저소득 서민과 더불어 중산층 및 소득이 감소하는 고령층이 적정한 부담을 지면서 주택을 임차 혹은 소유할 수 있는 정책(주택금융 및 적정 수준의 공공지원, 민간 임대 주택 등 제공)을 펼치는 것이다.[9] 거주 비용 부담 차원에서는 예측 가능하고 지속 가능한 세제와 주택금융 상품이 제공돼야 하며, 이는 정권 변화와 상관없이 유지돼야 한다.

○ 주택 임차인에 대한 지원은 주거 복지 차원에서 논의 돼야 하며, 특히 현재 우리에게 필요한 부분은 정액제 주택 바우처가 아닌 미국식 주택 바우처 제도 실현이다.

특히 현시점에 고려해야 하는 부분은 소유 접근성을 확대하고 부담 가능한 보유를 증진하는 것이다. 즉 더 많은 사람에게 주택을 소유할 기회가 주어져야 하며, 생애주기에서 소득이 줄어드는 계층(고령층)이 해당 지역과 주택에 계속해서 거주할 수 있는 환경이 만들어져야 한다. 전자가 사회초년생을 포함한 중산층과 서민 계층 대상이라면, 후자는 고령층 대상이다.

① 소유 접근성 확대와 적정 수준의 주택금융상품 활성화

소득 불균형이 심해지고 인플레이션으로 주거 비용이 급등하는 현재, 중산층과 서민의 주거 비용 부담이 급격히 커지고 있다. 이 상황을 시장에만 맡기면 부동산 소유의 불균형과 자산 격차는 더욱 커질 수 있다. 자산가치 상승분이 소득 상승분보다 높을 경우, 사회 초년생과 기존 세대 간 부의 격차가 커질 수밖에 없다. 따라서 소득 불균형을 해소하고 사회적 안정을 이루기 위해서라도 중산층과 서민을 위한 장기 주택금융상품이 필요하고, 이런 제도가 오래 유지돼야 한다. 가령 미국 주택도시개발부 연방주택청에서 제공하는 생애 최초 주택 구매자를 위한 담보대출은 주택 가격의 3.5%만을 자기 자본으로 충당한다. 일반적인 자기 자본 비율이 20%임을 볼 때, 3.5%라는 비율(LTV 96.5%)은 매우 낮은 수준으로 주택 구매에 따른 초기 부담을 줄여주는 배려다.[15]

②보유에 적정한 부담을 주는 세율(알래스카보다 낮은 대한민국 실효 재산세율)

한국의 재산세 실효세율은 선진국치고 매우 낮은 수준이다. 명목세율은 0.4%지만 실효세율은 0.1%에 불과하다. 우리나라 재산 관련 세금으로는 지방세인 재산세와 국세인 종합부동산세가 있다. 종합부동산세는 감정가나 거래가격이 아니라 공시지가가 12억 원 이상인 주택에 해당한다. 가령 강남 20억 원 아파트의 공시지가는 11억 원이므로 종부세 대상이 아니다. 한 예로 20억 원 아파트 재산세를 계산해보자.

거래가격: 20억 원
공시지가(거래가격의 대략 55~60%): 20억 원×55%=11억 원
공정시장가액비율 60% 적용=6억 6,000만 원
최종 6억 6,000만 원에 0.4% 재산세 부과:
6억 6,000만 원×0.4%=264만 원(재산세)

이렇듯 20억 아파트에 부과되는 재산세는 약 264만 원으로, 실효세율은 0.13%다. 마포구 15억 원 아파트 재산세는 134만 원으로, 실효세율이 0.09%에 불과하다. 미국을 살펴보면 한국인이 많이 사

📍 일정 수준의 신용을 갖춘 생애 최초 주택 구입자는 연방정부 차원의 주택 매입 프로그램(자기 자본 비율 3.5%, 즉 LTV 96.5%) 대상이 될 수 있다.

는 뉴저지의 중위 가격 주택은 실효세율이 1.7%에 달한다. 20억 주택에 부과되는 세금은 대략 3,400만 원이다. 미국에서 재산세율이 가장 낮은 하와이도 0.3%로, 우리나라보다 3배 높다.

<mark>한국 세제는 자산 보유에 유리하고 거래에는 불리하게 설계됐다.</mark> 이런 구조는 주택 장기 보유를 부추기고, 자산 격차를 더욱 고착화한다. 한 예로 우리나라에서는 15억 원 상당 아파트를 보유한 가구보다 5,000만 원 상당 자동차 2대(합계 1억 원)를 보유한 가구가 더 많은 세금을 낸다. 부부가 3,000cc 자동차를 한 대씩 몬다면 대당 80만 원, 연간 160만 원이 부과되기 때문이다. 이런 현상은 과세 형평성 측면에서 납득하기 어렵다.

이처럼 개혁이 꼭 필요한 상황이지만 종부세를 폐지하거나 축소할 때는 실효 재산세율을 OECD 평균 수준으로 천천히 인상하는 보완책을 꼭 병행해야 한다. 종부세는 국세로서 지방자치단체에 재분배되므로, 종부세를 폐지할 경우 재정 자립도가 낮은 지방에 필요한 재원을 어떻게 확보할 것인지도 논의해야 한다.

③부담 가능한 보유의 증진과 지역사회 계속 거주 실현

우리나라 같은 고령화 사회에서 나타나는 문제는 주택을 소유하고 수입이 정체 혹은 감소 중인 고령자가 (재산세를 포함한) 주거비 부담에 직면하는 상황이다. 부동산 세제와 연동된 주택 가격이 상승한다면 은퇴에 따라 수입이 줄어든 가운데 역으로 부동산 세제 부담은 증가하면서 가처분소득이 급격히 쪼그라들 수 있다. 이는 지금까지 살아온 집이나 커뮤니티에서 거주하며 사회적 관계를 이어가는 '지역사회 계속 거주(Aging in Place)'라는 목표와 멀어지는 결과다.[9] 고령자를 비롯한 취약 계층이 주택을 잃지 않도록 배려가 필요하다. 이는 주택 보유세 혁신과 밀접하게 연결된다.

그러나 우리나라는 정권이 바뀔 때마다 정책도 크게 바뀌기 때문에 거주 비용의 일관성이 부족하다. 이에 따라 미국의 일부 주처럼 주택 구입 당시 가격을 기반으로 인플레이션을 반영해 재산세를 부과하는 방식을 고려할 수 있다.[16] 한 예로 현재 드높은 강남 아파트 가격대를 형성한 세대는 2010년 전후로 입주한 이들이지만, 비교적 가격대가 저렴했던 1990년대에 입주해 현재 70~80대가 된 세대가 더욱 큰 재산세 부담을 진다. 이때 현재 가격이 아닌 매입 시점 가격을 기준으로 인플레이션만큼(혹은 몇 퍼센트씩 정률로) 올려서 자산가치를 평가한다면 주택 가격이 물가보다 빠르게 상승하더라도 고령층의 세금 부담이 적정 수준에 머물게 된다.

이처럼 주택 보유 부담을 줄이는 방향으로 재산세 제도를 개혁한

[9] 고령자의 지역사회 계속 거주 개념은 1982년 UN 비엔나 국제고령화계획에서 제시됐다. 노인 돌봄의 기본 원칙은 가능한 한 오랫동안 지역사회(Community)에서 독립적 생활을 가능케 하는 것이다. 플레이스(Place) 개념은 공간적 개념과 더불어 심리적 개념을 포함한다. 최근의 연구는 가능한 한 고령인이 살아온 지역사회에서 익숙한 사람들과 관계를 맺으면서 계속 살아가는 것으로 정의한다.

[16] 캘리포니아주에서 재산세 부과 시, 주택 및 다른 부동산 가치에 대한 평가금액 상승분은 연간 캘리포니아주 소비자물가지수로 측정한 물가상승률 또는 2% 중 적은 금액으로 제한돼 있다.

다면 거래 활성화를 위해 양도세를 낮추면서 실효 보유세(종부세 포함)를 어느 정도로 할지도 논의해야 한다. 또 70세 이상 고령층 중 기초수급자 비율이 50%를 넘는 현실에서, 자산이 없는 이들에 대한 혜택도 필요하다. 주거 상황이 열악한 고령층을 돕는 임대료 지원 바우처도 현실화해야 한다.

주목해야 할
'핫' 플레이스

핫 플레이스
1

관광객이 주도하는
서울 상권 트렌드

한국관광 데이터랩에 따르면 2024년 한국에 방문한 외국인 관광객 수는 약 1,630만 명을 기록하며 코로나19 이전 수준의 93.5%까지 회복했고, 올해는 2,000만 명에 근접할 것으로 기대된다. 기존에는 중국에 편중됐던 외국인 관광객이 중국 외 국가, 특히 미국과 유럽을 중심으로 증가하며 신흥 시장에 대한 기대감이 커지고 있다.

서울 시내 호텔에서 골목까지

한 도시의 '핫 플레이스'는 단순히 사람들이 많이 찾는 장소라는 의미를 넘어선다. 핫 플레이스는 유행을 선도하는 특정 세대와 문화가 집약적으로 드러나는 공간, 새로운 라이프스타일과 소비가 나타나는 공간이다. 핫 플레이스는 트렌드를 창출하고 확산시키는 거점으로서 도시의 활력과 정체성을 상징하는 역할을 한다. 다시 말하자면 핫 플레이스를 통해 도시의 흐름을 읽고 미래의 변화를 전망할 수 있는 것이다.

핫 플레이스가 유동 인구를 증가시키고 상권을 성장시킴으로써 부동산 가치가 상승한다는 연쇄 반응은 이미 잘 알려져 있다. 그러나 동시에 비싼 임대료와 투자 수요가 다시 핫 플레이스의 성격을 바꾸거나 쇠퇴를 앞당기기도 한다. 부동산 시장과 핫 플레이스 사이에는 서로의 미래를 규정짓는 상호작용 구조가 형성된다.

핫 플레이스를 정의하고 선정하기 위해서는 단순히 방문자 수나 화제성만으로는 부족하다. 지역과 독창성, 지속 가능성, 글로벌 트렌드의 연결성이 모두 고려돼야 한다. 또한 한순간의 유행이 아니라 도시 전반의 변화를 선도하고 장기적인 파급력을 지니는지가 중요한 기준이 된다.

코로나19 이후 침체된 관광산업이 완전히 회복하며 핫 플레이스와 부동산의 방정식은 더욱 복잡다단해졌다. 글로벌 관광객 유입,

디지털 플랫폼을 통한 문화 확산이 새로운 변수로 작용한다. 2026년에 주목해야 할 기준점은 지난 몇 년간 조명받지 못했던 서울의 문화적 위상과 여력, 외국인 관광객이 바라보는 공간적 특성이다. 호텔부터 골목까지 이어지는 공간 속에서 우리는 어떤 핫 플레이스를 발견할 수 있을까?

여행 열기로 되살아나는 서울

한국관광 데이터랩에 따르면 2024년 한국에 방문한 외국인 관광객 수는 약 1,630만 명을 기록하며 코로나19 이전 수준의 93.5%까지 회복했고, 올해는 2,000만 명에 근접할 것으로 기대된다. 기존에는 중국에 편중됐던 외국인 관광객이 중국 외 국가, 특히 미국과 유럽을 중심으로 증가하며 신흥 시장에 대한 기대감이 커지고 있다. 2019년과 비교하여 2023년 한국 방문객 수가 크게 증가한 상위 6개국은 싱가포르, 미국, 호주, 프랑스, 몽골, 독일로 원거리 국가의 증가가 두드러졌다.

이러한 증가세는 특히 10~20대인 젊은 관광객, 그리고 여성들이 주도하고 있다. 이들은 이미 자국에서 접한 K-콘텐츠를 통해 한국 문화에 매우 친숙하며 한국인의 라이프스타일을 경험하고 싶어 한다는 특징을 보인다. 이들 대부분은 인천공항으로 입국해 서울로 향하며, 한국의 젊은이들처럼 퍼스널 컬러 진단을 받고 사주 카페를 찾는다. 모바일 기기를 중심으로 한 예약과 정보 수집 등에 매우 능숙할 뿐 아니라 상호적인 소통 채널을 통해 적극적으로 핫 플레이스 정보를 찾고, 경험하고, 다시 정보를 생산한다.

서울은 갈수록 더 많은 1인 여행객을 불러모으고 있다. 한 여행 예약 플랫폼에서 '나 홀로 여행하기 좋은 도시' 1위로 뽑힌 서울은 격동의 근현대사와 최신 대중 트렌드가 압축된 관광지로서 여행객의 모험 욕구를 충족시킬 다양한 경험과 도시 풍경을 제공한다. 동시에 치안과 청결함, 대중교통을 기반으로 하는 안전한 도시라는 점에서도 매력을 더한다. 특히 MZ(1995년 이후 출생 세대)는 타 세대 대비 한국의 치안 안정성을 높게 평가했다. 한 SNS 플랫폼에서는 노트북과 지갑으로 카페 자리를 맡아두고 잠시 떠나도 아무 일이 일어나지 않는 한국의 일상에 놀랐다는 숏폼 콘텐츠에 56만 개의 '좋아요'가 달리며 화제가 되기도 했다.

또 한 가지 주목할 점은 장기 입국 외국인 수가 역대 최대를 기록했다는 점이다. 유학·일반 연수를 위해 한국을 찾은 학생들은 통계 작성 이래 가장 많았다. 지난해 9월 기준 국내 대학에서 유학 중인 외국인은 총 20만 9,000여 명으로 전년 대비 15% 늘었다. 한국어 학습 수요도 급증해 한국어능력시험 응시자는 2024년 49만여 명으로 사상 최대를 기록했다. 현재 서울 소재 대학에서 유학 중인 외국인은 전체의 38.9%를 차지했다. 이제 서울 어디에서든 유창한 한국어를 구사하는 외국인 유학생을 마주하는 모습이 낯설지 않은 일상이 찾아왔다. 이는 서울 관광과 문화 교류의 저변이 한층 더 확장되고 있음을 보여준다. 유학생들은 표면적으로 드러나는 한국 자체뿐만 아니라 한국인의 삶과 언어, 패션과 브랜드를 아우르는 모든 라이프스타일에 큰 관심을 보이며 더 오랜 시간 한국에 머물고자 한다.

호텔의 재도약과 잠재적 위기

2025년의 다양한 지표는 국내 숙박업과 호텔 투자 시장의 성장 기대감을 보여준다. 업계의 활황을 보여주는 관광호텔업 사업체 수는 2023년 1,217개로 역대 최대치를 기록했으며, 전국 호텔의 객실당 수익(RevPAR)은 2019년 대비 62% 증가했다. 상업용 부동산 시장에서 가장 주목받는 섹터가 된 '호텔'은 이제 투자자들이 선호하는 자산으로 부상하며 거래가격 또한 상승하고 있다.

한국 문화의 위상이 높아짐에 따라 럭셔리 호텔에 대한 수요도 함께 증가하고 있다. 글로벌 호텔 체인들은 한국을 핵심 시장으로 꼽는다. 글로벌 초럭셔리 호텔 아만 그룹(Aman Group)은 서울 청담동의 프리마 호텔 부지에, 리츠칼튼(The Ritz-Carlton)은 재개발 예정인 남산 힐튼 호텔 부지에 관심을 보이고 있다. 이 밖에도 만다린

오리엔탈(Mandarin Oriental), 로즈우드(Rosewood) 등 메이저 5성급 호텔 브랜드들이 국내 기업과 협의를 진행 중이어서 서울의 5성급 호텔 공급 부족 문제 해소에 대한 기대가 커지고 있다.

그동안 숙박업용 공간임에도 불구하고 일부 투기형 매입자들이 직접 주거용으로 활용해 불법 영업 논란이 있었던 생활형 숙박시설과 에어비앤비, 코리빙 등의 공유숙박시설도 활성화되는 모습이다. 기존 생활형 숙박시설은 장·단기 출장자, 주재원, 직주근접 수요가 대부분이었으나 최근 외국인 관광객 및 유학생의 장기체류 수요가 커짐에 따라 하이브리드 및 워케이션 숙소로 이용하는 양상이 본격화되는 추세다. 숙박시설 관리와 운영을 도맡아 수익을 극대화하는 위탁 운영 기업(홈즈컴퍼니, 핸디즈, 어반스테이, 더휴식, 위코스테이 등)과 함께 장기 숙박 전문 예약 플랫폼(호텔에삶, 위홈, 33m^2 등)도 본격적으로 활성화되며 앞으로 늘어날 장·단기 및 개인 여행객의 수요를 충족할 것으로 예상된다. 글로벌 관광객이 선호하는 여행 기간 통계에서 '7박 이상'이 44%를 차지하고 있는 점, 여행자들의 체류 기간이 길어지는 장기적 추세를 고려할 때 향후 장기 숙박 시장의 전망은 긍정적이다.

이들은 어디서 자고 어디서 즐기는가

서울특별시 관광호텔 등록 현황을 살펴보면 서울역-명동-동대문디자인플라자(DDP) 벨트에 호텔 대다수가 있다는 점을 알 수 있다. 이 벨트는 관광객이 주로 방문하는 '명동'과 '광장시장', '경복궁'과 'DDP' 접근성이 뛰어나고 2·3·4호선이 가까워 용산, 성수, 강남, 홍대 등 주요 여행 거점으로 이동이 용이하며 남산의 경관까지 누릴 수 있다는 입지적 장점이 있다.

지하철 승하차 수요에도 이 지역에 대한 선호가 나타난다. 외국인 관광객이 사용하는 기간권 일별 통행 통계 중에서도 오후 6시 이후 하차량을 살펴보면 서울역을 제외하고서도 명동-동대문 구간이 상위 10개 역 중 6개를 차지하는데, 이는 외국인 관광객이 숙소와 소비를 동시에 해결할 수 있는 공간으로 이 벨트를 선택해 오래 머무르기 때문으로 볼 수 있다.

서울역-명동-DDP 벨트를 숙박과 소비의 베이스캠프로 삼은 서울 구도심(중구·종로구)의 관광지도는 점차 다변화하고 있다. 시청과 광화문, 광장시장 등 역사·문화 중심지로 향하는 동선과 함께, 최근에는 '서울'의 원형 그 자체를 느끼고 경험하려는 젊은 외국인의 발길이 을지로, 충무로, 신당동 그리고 약수동 골목으로 이어지는 모습을 포착할 수 있다. 충무로-신당은 인근에 업무지구가 있어 회사원이 많은 만큼 퇴근 후 들르기 좋은 술집과 밥집이 빼곡하다.

외국인 관광객 기간권 일별 통행 통계(2017~2024년)

출처: 서울교통공사

순위	역명	합계(건)
1	명동	8,542
2	홍대입구	5,925
3	서울역	4,713
4	동대문역사문화공원	3,871
5	을지로입구	2,651
6	동대문	2,563
7	시청	2,391
8	을지로3가	2,390
9	종로3가	2,261
10	이태원	2,217

서울시 관광숙박업 인허가 벨트(점이 클수록 밀집)

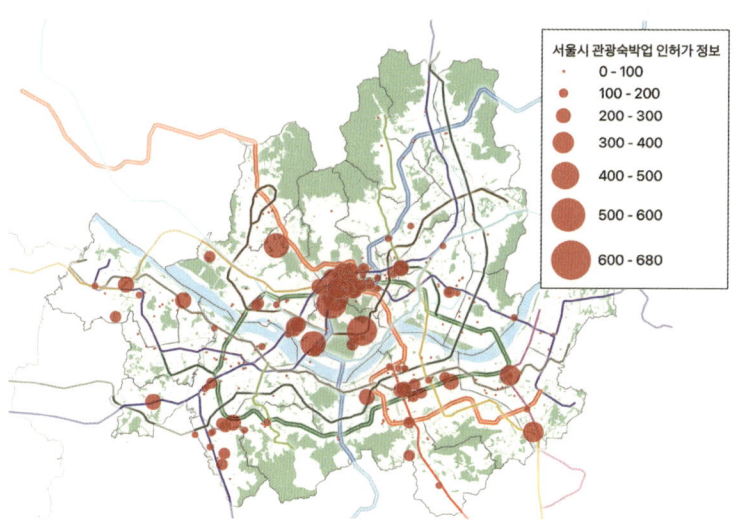

어느 휴일 충무로의 한 평양냉면집 앞 인파

약수 부근은 금호-약수-옥수로 이어지는 대단지 주거지가 있어 낮에는 직장인과 관광객, 거주민이 뒤섞여 활기가 넘친다. 다양한 서사를 담은 서울의 구도심은 매력 넘치는 관광 자산을 더욱 입체적으로 드러내는 공간으로 자리매김하며 사람들을 불러모으고 있다.

핫 플레이스
2

진격의 K-문화
그리고
서울의 재발견

오늘날 외국인 관광객은 단순히 볼거리를 찾는 것이 아니라 '한국인'을 궁금해한다. 언어 장벽 해소와 교통 편의성 개선 같은 인프라를 마련하는 것은 기본이고, 도시에서 다양한 서사를 발견할 수 있도록 도시에 이미 존재하는 시설과 생활 공간을 스토리텔링 자원으로 재해석하는 전략 그리고 앞으로의 도시 잠재력을 확보하려는 노력이 필요하다.

충무로·신당·약수: 핫플 트라이앵글

MZ세대의 사랑을 받으며 태동한 을지로 상권은 충무로를 향해 길어지고 또 넓어지고 있다. 동쪽으로는 장충동과 신당, 남쪽으로는 약수까지 연결되며 새로운 축을 형성하는 중이다. 서울 관광 열기가 되살아나 명동 상권과 관광숙박 벨트에 외국인 관광객이 유입되면서 이러한 로컬 상권의 연결은 더욱 가속되고 있다. 이는 여느 상권과 마찬가지로 새롭게 주목받은 지역에 사람들이 몰리면서 임대료가 비싸지고, 가게들이 상대적으로 싼 공간을 찾아 이동하며 새로운 거점이 발견되는 과정이 반복된 결과라 할 수 있다.

충무로-신당-약수 핫 플레이스 트라이앵글   출처_네이버 지도

확장하는 서울 미식 지도

최근 서울 미식 상권은 더 확장되고 있다. 특히 지난해 넷플릭스에서 방영한 〈흑백요리사〉는 서울 전역 요식업계에 활력을 불어넣었다. 이 프로그램은 동네에 자리한 실력 있는 요리사들의 서사를 조명하며, 규모가 작은 식당이라도 요리사의 철학과 직업적 가치가 공정하게 평가받을 수 있음을 보여줬다. 이는 전문성과 개성이 살아 있는 작은 가게들의 가치를 젊은 세대에게 다시금 부각시켰다. 또한 특정 계열이나 식당 출신 등으로 형성된 인적 네트워크가 주목받으며 방송에서 크게 비치지 않았던 요리사에 대한 관심도 지속적으로 이어졌다. 자신만의 정체성을 가진 100명의 요리사들은 출신이나 식당 규모와 상관없이 독창성과 서사, 실력이 있으면 성공할 수 있다는 사회적 메시지를 남겼다.

과거 미식 씬에서 정통성에 대한 논쟁과 원조 경쟁을 했다면 오늘날은 재료에 대한 깊은 이해에 기반한 새로운 상상력과, 어디서도 맛볼 수 없던 색다른 요리에 열광하는 시대다. 젊은 세대들은 이를 맛보기 위해 기꺼이 상당한 비용을 지불하고, 어플을 통해 몇 달의 대기를 불사하고 예약을 잡는다. 이 과정에서 사람들은 단순히 음식을 먹는 것을 넘어 그 지역의 서사를 함께 경험한다. 흑백요리사에 등장한 식당들은 특히 을지로 골목, 신당 전통시장, 남영동, 성수동 등 작고 오래된 건물과 낡은 시장 골목에서 빛을 발한다. 을지로 골목의 오래된 건물에 자리 잡은 〈을지로보석〉, 신당 중앙시장에 위치한 타코 전문점 〈라까예〉, 파스타 전문 레스토랑인 〈더 시옷〉, 캐주얼하고 안락한 분위기인 〈디핀을지로3가〉와 신당 〈디핀〉, 중구 직장인의 입맛을 돋우는 〈고씨네 고추장찌개〉와 〈저저〉, 묵정동의 이름을 딴 한식당 〈묵정〉이 대표적이다.

이러한 흐름은 을지로에서 충무로, 신당과 약수에 이르는 베이커리와 카페 영역에서도 두드러진다. 눈에 띄는 점은 이들 카페가 주로 일본과 베트남, 태국, 미국, 유럽 등 타 국가에서 경험한 미식 문화를 압축하고 서울 지역에 맞게 구현했다는 점이다. 충무로에 있는 〈아소토 베이커리〉는 일본의 킷사텐을 구현한 재패니즘 토탈 베이커리다. 메론빵 성지이자 '연차를 내고 오픈런을 해야만 갈 수 있는 곳'으로 통한다. 〈카우치소셜〉은 미국식 하우스 카페 문화를 구현했고, 〈비카인드반미〉는 베트남 반미를 현대적으로 해석했다. 〈수잔나의 앞치마〉는 서양식 구움과자 전문점으로 자리 잡았다. 〈져니로띠〉는 태국식 팬케이크로, 〈재해석〉은 푸딩이라는 메뉴를 세련되게 변주하며 소비자들의 발길을 끌어당겼다. 2026년을 앞둔 서울의 미식 지도는 단순한 맛집 지도가 아니라 요리사의 정체성과 서사, 지역의 공간적 맥락 그리고 미식 경험을 위해 찾아오는 많은 사람이 상호작용하는 과정에서 확장되고 있다.

아소토 베이커리 전경

K-세계관의 원천, 크리에이터가 사는 동네

K-팝 산업은 더 이상 대중음악을 제작·유통하는 영역에 국한되지 않고 소비 전반에 걸쳐 영향을 미치는 산업으로 확장되고 있다. 특히 기대치가 높은 한국 대중은 늘 새로운 것을 갈망하며, 이에 부응하기 위해선 끊임없는 실험 정신이 요구된다. 이러한 요구에 대응하는 토대는 영감을 얻고 구현할 수 있는 공간이며, 그 중심에 을지로와 충무로라는 지역 그리고 각 지역이 지닌 개성이 자리한다.

충무로에 자리 잡은 대표적인 디저트 브랜드 〈원형들(原形들)〉은 '디저트의 오브제화'라는 독창적인 개념을 선도한다. 원형들은 로봇공학, 식음료 사업, 의류 쇼핑몰, 디자인, 베이킹, 무대연출, 미술, 음악 등 다양한 경험을 가진 이들이 모여 만든 집단이다. 이들은 기존 디저트의 한계를 넘어 고수처럼 호불호가 갈리는 식재료까지 과감히 활용하며 전례 없는 형태의 디저트를 창조한다.

원형들은 단순히 먹는 디저트가 아니라 하나의 예술작품으로 기능하는 케이크와 디저트를 제작하며 K-팝, K-뷰티, K-패션 등 다양한 문화 산업과 연결되며 새로운 가능성을 불러일으키고 있다. 이들은 글로벌 대기업의 플래그십 스토어와 팝업스토어가 열릴 때 케이터링 파트너로 참여하고 있으며, K-팝 아이돌 그룹 레드벨벳과 협업해 그들의 세계관을 미각과 시각적 새로움으로 구현하며 폭발적인 인기를 얻었다.

원형들. 건물 입구에서 카페 간판은 찾아볼 수 없다. 　　　출처_인스타그램 @wonhyeongdeul

디자이너들도 원하는 질감과 물성을 실현하고자 끊임없이 이 지역을 찾는다. 충무로-을지로 일대는 해방 이후 인쇄업과 영화산업이 태동한 지역으로, 한때 전국 인쇄소 중 약 60%가 밀집한 인쇄의 중심지였다. 온라인 시스템이 빠르게 도입되면서 대량 인쇄물을 간편하게 주문할 수 있는 시대가 열렸지만 여전히 디자인·출판·미술·포장·패션업계 디자이너들은 인현동 인쇄소를 찾는다. 색감의 미세한 농도 차이나 후가공의 섬세한 차이를 이해하고 구현해내려면 이곳 인쇄소의 오랜 경험과 숙련된 기술이 필요하기 때문이다. 디자이너와 아티스트, 학생들은 종이와 잉크, 질감과 물성의 차이를 직접 경험하며 자신이 구상한 이미지를 가장 정교하게 구현할 수 있는 방식을 찾아낸다. 이렇게 축적된 경험은 단순한 결과물이 아니라 새로운 감각과 스타일을 만들어내고, 이는 곧 새로운 트렌드로 시장에 반영된다.

인쇄업은 단순히 인쇄소만으로 이뤄지지 않는다. 이 지역에는 제지산업의 대표 기업들도 자리를 잡았다. 1965년 설립된 〈한솔제지〉와 1983년 설립된 〈두성종이〉 본사가 모두 인쇄골목에 있다. 덕분에 현업 디자이너뿐 아니라 미술과 디자인을 공부하는 학생들까지 자주 이곳을 찾는다. 소규모 인쇄업 종사자들이 거래하던 다방, 이들이 끼니를 해결하던 노포, 인쇄물 기획을 맡는 디자인 기획사, 완성된 인쇄물을 신속하게 전달하는 퀵 운송업체 등이 하나의 뿌리처럼 얽혀 빠르고 긴밀한 생태계를 이루고 있다.

디지털로 전환된 인쇄 시장의 불황을 뚫고 출범 이후 기업가치가 5,000억 원 이상으로 고공 성장한 인쇄소(투데이아트)도 있다. 음악을 들을 수 있는 매체인 CD 앨범 자체에 대한 니즈는 감소했지만, 도리어 이들의 브랜드와 고급 재질로 구성한 포스터, 스티커, 재킷, 포토카드 등 실물 굿즈 수요가 폭발한 것이다. 이 인쇄소는 K-팝 엔터테인먼트사의 열풍을 타고 성장한 아날로그 문화에 대한 수요로 매출이 매년 급성장하고 있다.

한솔제지의 디자인 페이퍼 브랜드 〈인스퍼〉에서 오픈한 팝업스토어 〈인스퍼 개러지〉. 커스텀 샘플북, 목업 패키지 등을 제공하며 원하는 질감을 구현할 수 있도록 각종 상담도 진행한다.

오히려 아날로그적인 경험과 협업을 통해 새로운 형식과 독창적인 작품이 탄생하는 토대를 마련하기도 한다. 이들을 찾아오는 디자이너들은 인근 전통시장(인현시장, 광장시장)과 골동품시장(황학동 도깨비시장, 동묘시장 등), 동대문 종합시장에서 영감을 얻으며, 을지로 곳곳에서 쉽게 구할 수 있는 금속 부품은 끝없는 창작의 원천이 된다. 포스터, 아트북, 굿즈, 패션 태그, 패키지 디자인처럼 소비자가 곧바로 접하는 시각·촉각 매체는 이 지역 인쇄소에서 태어난다. 작은 디테일 차이가 브랜드의 정체성을 강화하고, 다시 SNS와 글로벌 유통망을 통해 확산되면서 트렌드의 촉발점이 된다.

오래된 거리의 새로운 얼굴, 장충동

을지-충무로, 약수동, 신당동이 만드는 삼각형의 중심에는 오랜 서사를 지닌 동네, '장충동'이 자리한다. 장충동에는 원래 제사를 지내는 국가 시설인 장충단이 있었으나 일제강점기 공원화와 함께 사쿠라가오카쵸(桜ヶ丘)라고 불리며 1920~30년대 대규모 주택지로 개발됐다. 명동(메이지쵸), 충무로(혼마치)와 더불어 당대 대표적인 고급 주거지로 꼽힌 장충동에는 일본인 중·상류층, 공무원, 판사, 교수, 회사 임직원 등이 거주하며 '학자촌'으로 불리기도 했다. 당시 이 일대에는 100평 이상 대규모 필지에 지은 고급 주택이 밀집해 있었다.

해방 이후에는 이처럼 널찍한 필지의 고급 주거지로서 삼성 창업주 이병철과 현대 창업주 정주영을 비롯한 1세대 재벌들이 거주하며 '한국 최초의 부촌'으로 불렸다. 장충동은 기업가와 외교관이 많아 이들의 교류를 위한 프라이빗 사교 클럽(서울 클럽)도 있었다. 이러한 전통을 이어받은 장충동은 오늘날에도 기업과 밀접한 관계의 흔적을 간직하고 있다. 범삼성가에 속하는 신라호텔, CJ제일제당 본사와 인재개발원이 모두 장충동과 그 주변에 자리하며, 최근에는 신세계 그룹의 인재개발원 '테라스 남산'이 개관했다. 이처럼 장충동은 여전히 기업 활동과 도시 문화가 교차하는 상징적인 장소로 남아 있다.

장충동 일대는 김수근, 김중업, 나상진 등 한국 1세대 건축가들의 작품이 밀집해 있는 지역이다. 오랜 세월 널찍한 마당을 지닌 주택이나 업무 공간으로 사용된 건물들은 서울 최초의 부촌이었다는 서사를 간직한 채 오늘날 새로운 변화를 맞고 있다. 최근 이 건물들이 카페와 팝업스토어로 개방되면서 장충동은 다양한 취향과 호기심을 지닌 이들의 목적지로 다시 주목받고 있다.

회장님의 대저택을 개조한 스타벅스 장충라운지는 우리나라 1세대 대표 건축가인 나상진(1923~1973)이 3년에 걸쳐 지은 집이다. 1966년 당시 완공해 '동백꽃 까치내'로 불리던 주거 공간에는 2019년까지 대선제분 창업주 박세정 회장 일가가 4대에 걸쳐 살았다고 전해진다. 커다란 대문을 지나 마당으로 올라가면 지하층과 1층,

스타벅스 장충라운지R점(위) 출처_스타벅스 코리아
건축가 나상진이 그린 외부투시도(중간) 출처_OPENHOUSE
스타벅스 장충라운지 대문(아래)

2층에 7개의 라운지, 뮤직룸이 조성돼 있고 야외 정원이 보이는 좌석까지 마련돼 있다. 과거와 현재가 공존하는 이곳은 마당이 있는 집에서 살아본 사람에게는 향수를, 그렇지 않은 사람에게는 새로운 감각을 선사하며 한국인의 라이프스타일에 독특한 풍경을 더한다.

장충동의 지역 서사를 재해석한 팝업스토어도 등장했다. 하이엔드 가구 브랜드 '알로소'는 마당이 있는 장충동의 저층 건물을 개조해 공간과 가구를 함께 선보이는 팝업스토어를 열었다. 먼저 성수동과 북촌 가회동 등에서 팝업스토어를 운영한 뒤 다섯 번째 장소로 장충동을 선택한 것이다. 해당 건물은 건축물대장에 1970년 준공으로 기록된 저층 주택이다. 널찍한 마당을 갖추고 있으며 김수근 건축가의 대표작인 경동교회 측면이 한눈에 보이는 공간이다. 알로소의 선택은 단순히 공간을 활용하는 차원을 넘어, 장충동이 지닌 건축·역사적 매력을 존중하면서 브랜드가 지향하는 가치를 극대화하는 방식이라 할 수 있다.

알로소 소파다방과 내부에서 보이는 마당 모습

한국적 디자인 요소, 공간과 서사를 결합해 소비자 경험을 확장하는 브랜드도 있다. '프릳츠'는 한국의 치열한 커피 씬에서 두터운 팬층을 확보한 대표적인 로스터리 브랜드다. 2025년 8월, 프릳츠는 장충동에 여섯 번째 매장을 열었다. 앞서 전통 기와집을 개조한 서울 도화점, 김수근 건축가의 사옥 건물을 활용한 원서점(현 아라리움 뮤지움), 횟집을 재단장한 제주 성산점, 골목길 안 90년대 건물을 개조한 양재점 등 독창적인 공간 전략을 선보여온 프릳츠는 이번에 한국 최초의 베이커리인 장충동 태극당 옆을 새로운 거점으로 택했다.

장충동 프릳츠

장충동 매장은 별다른 홍보나 간판 없이 입소문만으로 긴 대기줄을 형성할 만큼 강력한 브랜드 팬덤을 보여준다. 이는 공간과 서사를 결합해 소비자 경험을 확장하는 프릳츠의 전략이 여전히 유효함을 보여주는 사례다.

강남 개발로 한동안 인파가 빠지는 듯했으나, 장충동은 2020년대 들어 새로운 변화의 전환점에 서서 또 다시 스포트라이트를 받고 있다. 가수 장범준의 개인 회사가 이곳에서 단독 주택을 매입했고, 2024년에는 가수 이승기가 토지를 매입해 화제를 모았다. 2021년에는 대기업 오너 4세가 옛 삼성가 부지를 사들여 새롭게 주택을 짓기도 했다. 이 모든 것이 장충동의 '부촌 DNA'가 여전히 살아 있음을 보여준다.

2026년 글로벌 키워드: 한국인

서울의 문화적 위상이 높아지면서 한국인의 라이프스타일이 주목받고 있다. 초기 K-뷰티는 단순히 화장품이나 제품, 한국식 화장법을 의미했지만 이제는 선크림과 스킨케어, 채소 중심의 저자극 음식과 식이요법, 라이프스타일까지 포괄하는 개념으로 확장됐다. SNS에서는 '한국에서 살면 예뻐진다'라는 의미의 #Glow up in Korea 해시태그가 유행하며, 한국 여행 전후의 변화를 기록하는 콘텐츠가 확산하고 있다. 이는 외국인 여행객이 한국인의 삶 자체에 매혹되고 있다는 방증이다.

이들은 한국인의 일상 속 행동까지도 주목한다. 일례로 넷플릭스 〈케이팝 데몬 헌터스〉에 등장한 무속신앙, 전통 민화, 설렁탕, 목욕탕, 한의원에 이르는 다양한 요소들 그 자체에 몰입하고 있다. 서울의 다양한 광장에서 열리는 탄핵 시위를 보기 위한 '시위 전용 관광상품'이 출시되기도 했고, 드라마 속에 등장하는 서사의 중심지 역시 외국인 관광객의 호기심 대상이 되며 이들을 지방에 있는 촬영지로 이끌었다. 네이버 지도 앱은 한국 여행 시 외국인이 가장 유용하게 사용하는 앱 1위에 선정됐으며, 외국인 관광객이 한국인의 미식과 라이프스타일을 직접 탐험할 수 있도록 돕는다.

격동의 근현대사를 거치며 형성된 한국식 정서적 연결과 감정, 그리고 희로애락의 서사가 문화권을 넘어 전 세계에서 공감을 불러일으키고 있다. 같은 식민지 경험을 공유한 국가는 K-콘텐츠의 깊이에 공감하고, 가족주의가 해체된 서구권 국가에서는 한국 특유의 공동체성과 관계 맺기에 호기심을 보인다. 아이러니하게도 한국인 스스로는 휴가철에 국내 대신 해외여행을 선호한다. 해외여행 비용보다 비싼 국내 여행지에서 돈을 쓰느니, 차라리 이국의 문화를 경험하고 싶다는 인식이 확산했기 때문이다. 한국인이 외면한 일상의 공간이 오히려 외국인에게는 새로운 문화와 서사를 경험할 수 있는 곳으로 부상하는 것이다.

오늘날 외국인 관광객은 단순히 볼거리를 찾는 것이 아니라 '한국인'을 궁금해한다. 언어 장벽 해소와 교통 편의성 개선 같은 인프라를 마련하는 것은 기본이고, 도시에서 다양한 서사를 발견할 수 있도록 도시에 이미 존재하는 시설과 생활 공간을 스토리텔링 자원으로 재해석하는 전략 그리고 앞으로의 도시 잠재력을 확보하려는 노력이 필요하다. 즉 기존 관광지뿐만 아니라 상업, 주거, 숙박, 공연과 문화, 레저 등에 이르는 광범위한 분야에서 지역의 서사를 다시금 질문하고 다가오는 글로벌 시대에 걸맞은 모습으로 재구상해야 한다. 앞으로 특정 지역이나 동네가 로컬 라이프를 경험할 수 있는 공간으로 부각된다면, 부동산 가치에도 새로운 프리미엄 요인이 더해질 것이다.

서울이 여전히 외국인 관광객의 압도적인 지지를 받는 선택지인 만큼 수도권 집중을 지역 확산으로 이어가기 위한 고민도 필요하다. 한국관광 데이터랩에 따르면 2025년 1~8월 한국을 찾은 외국인은 1,067만 명이며 이 중 74.1%인 790만 명이 인천공항·김포공항·인천항구를 통해 수도권으로 입국했다. 총 관광객 수는 지난해(655만 명) 대비 62.9% 증가한 수치다. 이처럼 여전히 관광의 무게중심이 서울에 집중돼 지방으로 확산되지 못하고 있다. 업계에서는 정부가 목표로 내세운 2027년 외국인 관광객 3,000만 명 유치를 위해 서울에 머무르는 데 그치지 않고 서울 이외 지역으로 유입을 일으키는 것이 중요한 과제다.

참고문헌

1. 이동인. ""SK하이닉스가 날아간 셈"…계엄 이후 시가총액 140조원 이상 증발." 매일경제, 2024년 12월 9일, (https://www.mk.co.kr/news/stock/11189755)

2. 김유승. "날린 시총만 80조…'계엄 지진' 한달, 무너지는 한국경제." 뉴스1, 2025년 1월 8일, (https://www.news1.kr/economy/trend/5654092)

3. "The average Manhattan rent just hit a new record of $5,588 a month", 〈CNBC〉, Aug 2023.

4. Housing Market Report Berlin 2024, Berlin HYP Bank & CBRE, 2024.

5. 2023.08.22 [The 330m top floor "20 billion yen room" has already been sold] Voices of the buyer of Japan's "most expensive" Azabudai Hills: A businessman in his 70s: "I decided without even viewing the property" (Moneypost) https://www.moneypost.jp/1055539

6. Tokyo Kantei 수도권 주거용 부동산 세대연수배율

7. 2024. 05. 20. Detached house prices rise limited to Tokyo's wards, surrounding areas may be at their limit (Nikkei Press) https://www.nikkei.com/article/DGXZQOUB13D1J0T10C24A5000000/

8. Mansion-Navi, https://t23m-navi.jp/

9. 중앙일보 (2022.5.4) "4.8% 뛴 물가, 실제 주거비 반영하면 더 뛴다"

10. https://www.ddm.go.kr/www/selectBbsNttView.do?key=199&bbsNo=39&nttNo=152044

11. https://www.hankyung.com/amp/2025030701411

12. OECD. (2021). PH1.2 Housing Policy Objectives and Obstacles. https://www.oecd.org/els/family/PH1-2-Housing-policy-objectives-and-obstacles.pdf

13. Kaas, L., Kocharkov, G., & Preugschat, E. (2019). Wealth inequality and homeownership in Europe. Annals of Economics and Statistics, (136), 27-54.

14. 김지원, & 마강래. (2021). 거주지에 따른 자산 격차에 관한 연구. 대한부동산학회지, (60), 5-28.

15. https://www.hud.gov/buying/loans.

16. https://leginfo.legislature.ca.gov/faces/codes_displayText.xhtml?lawCode=CONS&division=&title=&part=&chapter=&article=XIII%20A

부동산 트렌드 2026

초판 1쇄 발행 2025년 9월 25일
초판 3쇄 발행 2026년 1월 15일

지은이 | 김경민, 정재훈, 김규석, 이소영, 이영민, 이현승, 소하영, 권현진, 이보람

발행인 | 유영준
편집팀 | 이하정, 임찬규
마케팅 | 이운섭
디자인 | 김윤남
인쇄 | 두성P&L
발행처 | 와이즈맵
출판신고 | 제2017-000130호(2017년 1월 11일)

주소 | 서울시 강남구 봉은사로16길 14, 나우빌딩 4층 쉐어원오피스 (우편번호 06124)
전화 | (02)554-2948
팩스 | (02)554-2949
홈페이지 | www.wisemap.co.kr

ⓒ 김경민, 정재훈, 김규석, 이소영, 이영민, 이현승, 소하영, 권현진, 이보람 2025
ISBN 979-11-24011-00-3 (03320)

- 이 책은 저작권법에 따라 보호받는 저작물이므로 무단 전재와 복제를 금합니다.
- 와이즈맵은 독자 여러분의 소중한 원고와 출판 아이디어를 기다립니다.
  출판을 희망하시는 분은 book@wisemap.co.kr로 원고 또는 아이디어를 보내주시기 바랍니다.
- 파손된 책은 구입하신 곳에서 교환해 드리며 책값은 뒤표지에 있습니다.